中国职业技术教育学会—新时代中国职业教育研究院2021年度重大课题
"贯彻新发展理念职业教育助力发展的路径与措施（SZ21A002）"研究成果

YIZHI XINGCHENG
ZHIYE JIAOYU SHIYINGXING SHIJIAN YANJIU

以职兴城

职业教育适应性实践研究

刘海平 著

北京理工大学出版社
BEIJING INSTITUTE OF TECHNOLOGY PRESS

版权专有　侵权必究

图书在版编目（CIP）数据

以职兴城：职业教育适应性实践研究 / 刘海平著 . -- 北京：北京理工大学出版社，2022.9
ISBN 978 - 7 - 5763 - 1691 - 9

Ⅰ. ①以… Ⅱ. ①刘… Ⅲ. ①职业教育 - 研究 - 黄石 Ⅳ. ①G719.2

中国版本图书馆 CIP 数据核字（2022）第 164336 号

出版发行 / 北京理工大学出版社有限责任公司
社　　址 / 北京市海淀区中关村南大街 5 号
邮　　编 / 100081
电　　话 / (010) 68914775（总编室）
　　　　　 (010) 82562903（教材售后服务热线）
　　　　　 (010) 68944723（其他图书服务热线）
网　　址 / http：//www.bitpress.com.cn
经　　销 / 全国各地新华书店
印　　刷 / 保定市中画美凯印刷有限公司
开　　本 / 710 毫米 × 1000 毫米　1/16
印　　张 / 10.5　　　　　　　　　　　　　　责任编辑 / 申玉琴
字　　数 / 157 千字　　　　　　　　　　　　文案编辑 / 申玉琴
版　　次 / 2022 年 9 月第 1 版　2022 年 9 月第 1 次印刷　责任校对 / 周瑞红
定　　价 / 68.00 元　　　　　　　　　　　　责任印制 / 李志强

图书出现印装质量问题，请拨打售后服务热线，本社负责调换

前　言

2021年4月12—13日，习近平总书记对职业教育工作做出重要指示，强调在全面建设社会主义现代化国家新征程中，职业教育前途广阔、大有可为，要优化职业教育类型定位，深化产教融合、校企合作，增强职业教育适应性，加快构建现代职业教育体系，培养更多高素质技术技能人才、能工巧匠、大国工匠。如何增强职业教育"适应性"？产教融合、校企合作、工学结合、知行合一，是主要模式和途径。

学界对职业教育与产业融合发展研究始于近十年，尚处于起步阶段，经过一系列政策推进和改革，2014年以后该问题引起学术界广泛关注，且该领域研究呈现逐年递增的趋势。产教融合、校企合作，学界理论研究，各职业院校提得比较多，但是产教融合、校企合作到底怎么推进，路在何方？目前成功经验比较少，特别是关于产教融合、校企合作的实践性研究比较少。本书聚焦"适应性"的主题，以全国产业转型发展示范区黄石市为案例，深度剖析产教融合、校企合作，特别是现代产业学院和集团化发展的模式、路径和举措，为职业教育深化改革、构建中国特色职业教育体系，提供可参考样本、可供借鉴模式。

具体而言，本书围绕"适应性"的主题，从地方职业院校服务区域经济社会发展的角度，以中部地区工业转型城市黄石为案例，提出"以职兴城"的办学理念，详细分析了职业教育产教融合的内涵、意义，深入探索职业教育集团化发展的体制机制，剖析了建设现代产业学院、打造产教命运共同体的模式与路径，为职业教育适应新时代经济社会转型、构建现代职业教育体系和生态提供政策参考和理论支撑。整体架构分为八章，分别为：第一章办学理念：立德树人；第二章办学使命：以职兴城；第三章产教融合：树立"三个意识"；第四章职业教育转型："三个转变"；第五章现代治理：集团化办学改革；第六章命运共同体：现代产业学院；第七章以学生为中心：树立"三好"育人理念；第八章技术创新服务：工业互联网教育创新发展实践。

　　发展职业教育，走内涵发展，办高质量学校，已经成为时代课题。国家和地方在这方面都给予了很大支持。研究职业教育发展存在的问题很重要，但提炼职业教育发展成功经验和典型发展模式，以点带面，引领示范，也是摆在职教人面前的历史使命。在这一背景下，本书选取个案为研究对象，总结提炼其成功经验和办学模式。就此书出版之机与同行、专家探讨切磋职业教育发展问题，借此抛砖引玉，得教大方，共谋职业教育发展。

目 录

第一章　办学理念：立德树人 …… 1
一、教育理念及职业教育办学理念内涵梳理 …… 1
二、湖北工程职业学院办学理念的形成和完善 …… 3
三、职业院校办学理念的特性：独特性、科学性和先进性 …… 4
四、实践"立德树人"的举措 …… 13

第二章　办学使命：以职兴城 …… 18
一、职业教育的角色、功能及其与城市发展的关系 …… 18
二、学校办学服务城市发展：以职兴城 …… 22
三、地方政府重视支持职业教育发展 …… 28
四、职业教育和城市发展形成共轭关系的成就 …… 30
五、反思与展望 …… 35

第三章　产教融合：树立"三个意识" …… 36
一、国外产教融合的发展及现状 …… 36
二、国内产教融合的发展及现状 …… 38
三、产教融合校企合作的模式与机制 …… 43
四、湖北工程职业学院校企合作模式——产教融合：
　　树立"三个意识" …… 46

第四章　职业教育转型："三个转变" …… 54
一、"三个转变"内涵 …… 54

二、职业教育转型的必要性 ·· 56
　　三、职业教育转型的三个维度 ·· 57
　　四、职业教育转型的具体做法 ·· 58
　　五、职业教育转型助推黄石高质量发展 ································ 60
　　六、职业教育转型服务"一城两区"发展实施办法 ··············· 63
　　七、职业教育转型的成效 ·· 70
　　八、本章小结 ··· 71

第五章　现代治理：集团化办学改革 ·································· 72
　　一、鄂东职业教育集团基本情况 ··· 72
　　二、集团化办学面临的问题和机遇 ····································· 73
　　三、集团化办学改革的必要性 ·· 78
　　四、集团化办学改革的措施 ··· 80
　　五、集团化办学改革的具体内容 ··· 81
　　六、推进集团治理现代化的实施办法 ·································· 85
　　七、集团化办学改革的成效 ··· 93
　　八、本章小结 ··· 97

第六章　命运共同体：现代产业学院 ·································· 98
　　一、现代产业学院内涵 ··· 99
　　二、"双高计划"背景下现代产业学院建设的黄石实践 ······ 100
　　三、现代产业学院建设的典型模式分析 ···························· 109
　　四、展望未来 ··· 116

第七章　以学生为中心：树立"三好"育人理念 ············· 117
　　一、"以学生为中心"理念的含义 ···································· 118
　　二、"以学生为中心"的现实意义 ···································· 118
　　三、以"四联"为抓手，以学生为中心，落实"三好"建设 ········ 119
　　四、"三好"育人理念的具体实践 ···································· 126

第八章 技术创新服务：工业互联网教育创新发展实践 …… 141
一、概述 ……………………………………………………… 141
二、湖北工程职业学院的具体举措 ………………………… 142
三、成果成效 ………………………………………………… 147
四、展望 ……………………………………………………… 152

参考文献 ……………………………………………………… 157

第一章　办学理念：立德树人

进入新世纪，高等职业教育的发展进入强化内涵建设、实现高质量发展的新阶段。从"国家示范校建设"政策到"创新发展行动计划"，再到"双高计划"的实施，给全国所有高职院校的发展提供了难得的机遇，同时也是严峻的挑战——因为国家顶层设计是以点带面，"集中力量建设一批"能"引领改革、支撑发展、中国特色、世界水平"[1]的高职院校。因此，"怎样办好学校"和"办什么学校"成为每一所高职院校首先要考虑的时代课题。

"怎样办好学校""办什么学校"是教育管理问题，更是涉及"培养什么人，怎样培养人"的教育的根本问题。回答这些问题属于办学理念层面的事情，是一个学校发展的顶层设计问题，它是否先进和科学决定着一所学校发展的方向、定位正确与否，水平高低，以及教育实践的成败。所以，探讨一所学校的办学水平、办学经验和成就，以及存在的问题，离不开对其办学理念的梳理和评价，而且必须是放在首位探讨的话题。

一、教育理念及职业教育办学理念内涵梳理

人们在办教育或办学之初，总会对一些问题进行顶层设计或设想，如培养什么人？如何培养人？为谁培养人？等等。更抽象地说就是，教育的本质是什么？目的是什么？这些对教育的基本看法和观点可以纳入教育理念范畴。

---

[1] 李淑，蔡新职. 突出地域性特征推进湖北高职院校特色发展 [J]. 黄冈职业技术学院学报，2020（12）：13-17.

从历史来看，人们对此问题给出过多种多样的答案。如柏拉图哲学王的培养，卢梭的自然主义教育，最经典的莫过于纽曼的"博雅教育"，及其之后以帕利坎为代表的与纽曼理念的对话①。纽曼思想对大学办学的影响是深远的。美国哈佛大学可以说是纽曼思想的典型实践。但在社会发展和需求压力之下，人们不断对纽曼思想进行修正或驳斥，但都不能遮蔽纽曼思想的影响。我国在批判应试教育的背景下，在讨论"通专人才"培养的背景下，也在尝试推行"博雅教育"。如杨福家提倡的"博雅教育实验"，再如2014年4月，北京大学、复旦大学和宁波诺丁汉大学共同发起的中国博雅教育研讨会，以及我们高等学校施行的通识课程，都是尝试和实践，都是对高等教育培养什么人的一种有力回应。

作为一种类型的职业教育，其办学也同样要进行这些问题的顶层设计或设想。职业教育的发展和普通教育不同，有其特殊的历史宿命。"现代职业教育的产生和发展是工业文明发展的需要，而高等职业教育则是工业文明向纵深发展对技能型人才提出更高要求的背景下，职业教育在层次上的提高。高等职业教育对应的是发达和成熟的工业文明。工业文明的主流价值理念是'工具理性'，在知识发展上，它注重的是'科学主义'；于是，教育对于人的培养也受到'技术理性'的影响，使人偏于物化。由此可见，从现代职业教育产生和发展的动因来看，职业教育也是人类征服自然、改造自然的一种手段或工具，这就使职业教育具有了先天的'工具'属性。"②……"工业文明的整个进程是人类不断征服自然，不断摆脱外界束缚，不断追求'自由'的进程。在这一进程中，人类主要秉持着主客体二元对立的价值观念，人和物是相对立、相对抗的，人是不'自由'的。在这种'人''物'对抗的环境中，人关注的重心主要是如何征服和战胜对方，这时的人必须把自己武装起来，职业教育作为主要的武装工具，培养'工具人'自然成为工业文明下的主导价值取向。"③ 在我国，工业化进程依然在进行中，职业教育的这种培养目标依然有其历史价值和必然性。

---

① 亚罗斯拉夫·帕利坎. 大学理念的重申：与纽曼的对话 [M]. 杨德友，译. 北京：北京大学出版社，2014.

② 邵长兰. 生态文明视域下高等职业教育培养目标的价值取向反思 [J]. 中国职业技术教育，2014 (9)：32 - 35.

③ 同②.

但"后现代"社会特征的出现,生态文明的提出和建设,对职业教育培养什么人也提出了反思的要求。

自我国高等职业教育产生至今,在人才培养目标上,经历了从"实用人才"到"应用型人才",到培养"技能型人才""技术技能人才",再到"高素质的技术技能型人才"的转变。不管怎么界定,从词语构成上,都是"功能界定"+"人才"。从教育职能看,高等职业教育培养目标的重心是"人才"。新时期,我国把"立德树人"放在教育的战略高度,说明了对人才培养的重视,对"成人"的重视,对人的品德培养的重视。"立德树人"作为高等教育的根本任务,不仅关乎高等职业教育现代化的实现,某种程度上也关系到教育现代化和国家现代化的实现。

作为教育理念的"立德树人"思想在我国源远流长。最早的记载可以追溯到《左传·襄公二十四年》,其书云:"太上有立德,其次有立功,其次有立言。虽久不废,此之谓不朽。"这就是我们常讲的中国人的人生追求的最高境界——"立德""立功"和"立言",而且三者如此顺序安排,且互为前提与根本,德行决定着一个人发展方向。"树人"最早出现在《管子·权修》,其书云:"一年之计,莫如树谷;十年之计,莫如树木;终身之计,莫如树人。"中国共产党历来重视人才培养的德育教育,将"立德"和"树人"有机结合在一起使用,并且将"立德"置于"树人"之前,充分证明树立德行是一个人成人成才、建立功业的前提和基础。[①]

二、湖北工程职业学院办学理念的形成和完善

湖北工程职业学院创办于1964年,地处黄石市,2007年升格成为黄石地区唯一的公办高职院校。2015年,黄石市委、市政府对黄石职业教育资源进行调整,由湖北工程职业学院牵头,组建鄂东职业教育集团。该集团横跨学历教育和技工教育两个体系,设有白马山、蜂烈山、铁山和磁湖西岸四个办学区域,贯穿中职、高职、本科、技工与技师教育四个办学层

---

① 初冬青,孟扬,张明月. 高校立德树人根本任务的实现路径及工作机制[J]. 中国成人教育,2018(6):72-75.

次，下辖湖北工程职业学院、鄂东技师学院、湖北省机械工业学院、湖北城市职业学校、黄石艺术学校和黄石市高级技工学校6所学校。与一般职教集团或联盟不同，鄂东职业教育集团是公益二类事业单位，受市委、市政府委托，代表市政府履行出资人职责，承担政府举办职业教育职责。集团的建立更是助推了学校方方面面的长足发展。目前，学校办学质量稳步提升，并得到社会认可。不仅生源数量在迅速扩大，生源质量也在迅速提升。2020年普通高考最低录取分数线高于全省控制线69分，2021年普通高考最低录取分数线高于全省控制线195分，技能高考录取分数线在全省地市州中名列前茅，特别是五年一贯制学前教育专业，80个招生计划，吸引了800余名考生报考。

以上成绩是在学校全体教职员工的不懈努力下取得的，也获得了社会认可，并被誉为"黄石模式"。在学校办学过程中，逐渐形成一套独特的办学理念，具体表现为，坚定的"对接区域经济，服务黄石发展"的办学定位，鲜明的"育人为本、厚德励能、特色兴校、质量创优"的办学理念，立德树人的初心，服务社会的使命，"综合改革、项目建设、产教融合、提质创优"的具体实践，具有职教特色和区域优势的"一轴三驱四融合"的育人路线。它是根据高等职业教育的特点和学校自身情形，基于传承黄石发展历史经验、根植服务地方经济发展、培养实用人才的办学定位，进而确立了"立德树人"的愿景，它是学校办学理念的具体化。

三、职业院校办学理念的特性：独特性、科学性和先进性

湖北工程职业学院办学理念是独特的、科学的和先进的。首先，其办学理念的形成源于学校独特的教育实践，伴随教育实践的发展而不断完善和丰富，并得到实践的检验；其次，其办学理念的形成并不是凭空臆想的，而是历史建构的，有黄石市红色精神的历史传承，也有时代发展的时代性价值观念体现。总之，其办学理念是"认知与实践的统一"[①]。

[①] 李强. 探索和完善办学理念是认识与实践的统一［J］. 中国职业技术教育，2015（21）：91-96.

（一）学校办学理念源于独特的办学实践，伴随教育实践的发展而不断完善和丰富，并得到实践的检验

在实践中，学校非常重视发展的顶层设计和科学办学理念的梳理和确立，但并没有拘泥于追求办学理念标准化定义，以及形式化的高大上，而是在教育实践中不断思考和审视出现的问题，在提出问题和解决问题的过程中，在追求学校高质量发展的过程中，逐渐厘清了自己独特的办学理念。

建设高质量和高水平的学校一直以来都是学校的重要工作方向和内容，为此，学校在内部质量保证体系建设上下足力气，做足工作，不断诊断和改进。在这一教育实践过程中，做到了科学理念指导教育实践，教育实践反馈修正教育理念，在"认知与实践统一"下二者相互得到提升。

在"十三五"建设期间，学校全员、全过程、全方位推进内部质量保证体系建设工作，力争学校高质量发展。在这一教育实践过程中，凝练出"需求导向、自我保证、多元诊断、重在改进"的16字工作方针，提炼出"打造两链、运行螺旋、搭建平台、驱动引擎"的工作模式。

1. 打造两链，完善体系

坚持以人才培养为核心，以工作状态数据平台为支撑，打造两链（目标链和标准链），完善体系（目标体系、标准体系和制度体系）。

（1）编制规划，构建目标体系。

学校依据国家、省、市教育改革和发展规划相关文件精神，结合学校办学实际，2016年编订《湖北工程职业学院"十三五"事业发展规划》，将学校总体发展目标定位为：至2020年，努力建成规模适中、特色鲜明、协调发展、服务力强的优质高等职业院校。围绕总目标，编制8个专项规划和7个子规划，形成"1+8+7"规划目标链，通过年度工作计划，分步落实规划目标。各部门结合工作要求，形成部门目标。施行目标管理，并根据国家和社会发展需要不断调整目标体系。2019年2月，国务院正式印发《国家职业教育改革实施方案》，开启了职业教育深化改革的新篇章。同年7月，学校根据国家对职业教育的最新要求和行业发展态势，对"十三五"发展规划执行情况进行中期评估，并结合实际，将学校发展目标调整为："以高职教育（专科层次）为主体，构建中职、高职、应用型本科衔接的人才培养模式，发挥高等职业教育在地区职业教育中的引领作用，最终把学校创建成为实践性、特色型、开放式的省内一流高职院校。"

（2）契合目标，细化标准体系。

学校层面：根据学校办学定位和人才培养目标的要求，结合内部质量保证体系建设思路，以章程为统领，制定《内部质量保证体系质量标准纲要》；各部门梳理工作标准，编制质量手册；教务处、人事处、学工处牵头修订专业、课程、教师、学生层面质量标准；质量管理处牵头制定《部门目标考核办法》，监测目标任务完成情况。整体形成以制度管人、流程管事，人才培养质量全过程保证的标准体系。

专业层面：按照《"十三五"专业建设与发展规划》，实行专业动态管理，对现招生的专业实行四级目标管理，并制定专业建设方案；将学校人才培养目标中的五大核心能力（责任力、学习力、专业力、协作力、执行力，简称为"五力"）贯穿于学校人才培养目标、二级学院人才培养目标、专业人才培养目标、课程目标和授课计划，建立目标链。根据"正向设计，反向实施"的思路，制定课程标准；结合《专业建设标准》、八类专项标准（"专业建设方案、人才培养方案、教学文件、教学资源、师资配置、教学设施、实训条件、规章制度"八项标准），各专业明确年度建设任务和指标，实时管理专业建设，形成专业层面的标准链。

课程层面：依据《"十三五"课程建设与发展规划》，结合专业人才培养目标，构建"上与人才培养目标衔接，下与课堂教学目标衔接贯通"的课程教学目标链。按照"高关联、中关联、低关联、无关联"四个等级，界定课程内容对专业培养目标的支撑度，使课程目标具体可测。依据课程建设相关制度和管理办法，确定课程发展标准，依据教学实施相关规定，确定课程运行标准，形成课程层面标准链。

教师层面：围绕师资队伍建设目标，制定《师资队伍建设"十三五"发展规划》，建立职称和职业"双梯级"目标链。从师德师风、职业素养、教学能力、科研能力、服务能力5个维度和14个要素制定《教师发展标准》，形成"5+14"标准体系。

学生层面：根据学生发展目标，聚焦"五力"，制定学生发展专项规划→二级学院学生发展子规划→班级发展目标→学生个人发展规划，形成上下衔接的目标链。制定30项学生管理制度和20项服务规范以及

《学生发展标准》和《学生综合素质测评办法》，二级学院确定专业人才培养规格，班级分学年确立量化标准、质控点，形成从学校到班级的标准链。

（3）健全保障，完善制度体系。

依据党和国家教育方针、法律法规和学校章程，对办学目标、办学定位等基本问题做出规范；明确学校治理体制，完善民主与监督机构，确定职责权限；梳理完善学校在党政事务、组织人事、质量管理、教研管理、学生工作、财务后勤、合作交流等方面的管理制度和办事流程，构建内控制度体系。2018—2019年，修订各类管理制度72项，新增制度与细则112项，废止87项，形成制度汇编、部门质量手册。

2. 建立螺旋，有效运行

（1）以年度目标任务为导向，推进全面诊改。根据"十三五"事业发展规划，确定年度重点工作，形成部门年度目标任务书；各部门制订年度工作计划，按照"8字螺旋"开展工作，依托数据中心与智慧诊改平台，建立"预警·清单·考评"诊改机制。根据目标任务书、考核办法及考核指标体系开展目标考核、专项考核，将考核结果与评先评优、绩效分配、晋岗晋级等挂钩，激励人人做质量生成的主人。

（2）以打造专业品牌为目标，做实专业诊改。第一，构建机制引擎，推动专业诊改。"专业与课程"诊改方案制定完成并发布，三级诊改组织体系保障实施，"24861"专业质量保障体系（2是目标链、标准链；4是"校级一般、校级特色、省级特色品牌、国家高水平"4级专业建设目标；8是"专业建设方案、人才培养方案、教学文件、教学资源、师资配置、教学设施、实训条件、规章制度"8项标准；6是"人才培养模式、课程建设与教学、师资队伍建设、实训条件优化、社会服务能力、教学管理水平"6项改革；1是至少突出1项优势）逐步健全，专业诊改"8字螺旋"有效运行，二级学院组织实施。通过梳理"人才培养工作状态数据采集与管理系统"，从10个方面制定了专业诊改的82个质控点，34个关键质控点，建立了以数据开展专业诊断的指标体系。第二，强化专项诊改，建立"蓝、黄、橙、红"4级学业预警机制，坚持"事前预防""事中帮助""事后处理"，实施学业专项诊改；建立"实训室—二级学院—学校"3级联动的检查整改机制，实施实训室专项诊改；完善教材征订管理流程和学生对教材的质量评价机制，以问卷调查的数据为依据，实施教材征订专项诊改。

（3）以提升教学质量为目标，抓实课程诊改。第一，构建质量改进螺旋，实时监测，对标改进。第二，探索诊改方式方法，建立"规划三年一诊、循环一年一诊、课程半年一诊"（以课程建设规划周期为一轮，每年完成一个诊改循环，各门课程每学期完成一个诊改循环）的周期诊改机制，通过"三查两反馈"落实常态化诊改，以提升课堂教学质量为切入点，实施课堂教学质量专项诊改。第三，推进在线课堂建设，借助"智慧职教"，用数据说话，记录教学全过程。第四，深化课程诊改内涵，坚持"三全育人"，推进课程思政，将专业精神、职业精神和工匠精神融入人才培养全过程，结合实习实训，强化劳动意识，提升职业素养。

（4）以提高教师能力为目标，落实教师诊改。第一，以业绩考核为抓手，促进自主诊改。制定实施方案，构建"8字螺旋"，从5个维度、14个要素入手，设置63个质控点，对教师发展进行监测和评价，邀请校外专家，实施对标诊断。教师本人对照年度目标和计划，结合专家诊断结果和平台监测记录，实施自主诊改，将未竟目标列入下一年度诊改工作，开展常态诊改。通过强化考核、选树典型、争先创优、提升培训质量等一系列措施提升教师队伍能力。第二，以师德师风为标尺，强化专项诊改。对照教师发展标准，教师进行自我"体检"，及时发现，及早"治疗"，运用专项考核结果，在"晋、聘、评"方面执行师德"一票否决"制。2018—2019年，开展教师个人诊改汇报活动十余次，全体教师撰写个人诊改报告，实现自我诊改全覆盖。

（5）以强化"五力"培养为目标，狠抓学生诊改。第一，加强诊改体系建设，扎实推进自主诊改。依据学校《学生发展标准》和《学生综合素质测评办法》，量化学生发展，辅导员分析学生自我诊断并给出改进意见，引导学生调整个人发展规划。学工部门利用"一页纸项目管理报表"观测目标达成度，查摆问题，列举改进措施，进行学生工作监测预警。第二，多措并举，强化素质教育。一是开设"学生行为规范""劳动实践""第二课堂"等课程，在全校试点"特色早读"课程，推动"成果导向"教育教学改革。二是利用智慧校园"教育教学过程协同"数据平台预警,以一周为时限督促辅导员及时诊改。三是开展主题教育和特色活动,引导学生"扣好人生第一粒扣子"。打造"一堂一坛一礼"品牌活动,开展"四联"工作和"三创"活动,创建无烟校园、美丽校园、安全校园,成立专业社团,帮扶学生树立专业兴趣、开拓视野。四是建成心理健康达标中心,构建"学校—学院—班级—宿舍"4级心理危机预警机制,不断健全心理危机干预机制,切实提升学生心理素质。第三,强化创新创业教育,提升学生学习力。开设创新创业课程,引进SYB(Start Your Business,创办你的企业)创业培训,召开创新思维主题班会,参加创新创业比赛,打造大学生创业孵化基地,激发学生创新创业意识,提高学生创新创业能力。

3. 搭建平台,数据支撑

着眼信息化,促进办学现代化,制定了信息化建设"十三五"发展规划,分类实施三大任务,规划目标任务达成度已超过90%。

一是完成信息化基础设施建设。整合中国电信、中国工商银行资源,先后投入1 400余万元,建成Wi-Fi全覆盖、终端带宽100兆的新校园网,配套计算中心、一卡通、智慧教室、安防门禁等设施。其中,一卡通工程,构建了一个包含4 300多表具的物联网,实现了"一饭两电三水"一号一卡服务。二是构建管理和服务信息化平台。先后投入400余万元,建设了12个业务平台和智慧诊改平台,学生从报名入学到毕业离校,全程实现信息化管理,新生报到可自助选宿舍、交费。学生网上选课评课,课堂教学网上巡查、课时课酬自动统计,形成数据积累,为学业预警、行为预警、综合素质测评等提供数据支撑。同时,与企业联合定制化开发智慧诊改平台,建立数据实时流入,信息反向驱动的诊改运行机制。三是持续加强教学资源信息化建设。投入450余万元专项资金,升级改造220间信息化教室,新建了1间智慧教室。通过智慧职教云课堂、蓝墨六班课、思科网院等平台,实现了146门课程计算机仿真教学,13门课程立项在线开放课程,192门课程实现信息化教学,全部课程实现自主开发系统的信息化管理,信息化教学水平逐年提高。着力平台集成,实现跨平台数据实时交换、统一认证、单点登录,平台深度融合,校园智慧特性日益显现。落实等级保护要求,为校园重要信息系统构建了安全防护。

4. 引擎驱动,常态诊改

第一,强化理念更新。举行专题讲座,专家传授诊改经验;开展"五说"诊改,全员同绘质量蓝图;将诊改知识宣传与"主题班会、主题党日"紧密结合,拓宽文化推广途径,推进理念"入眼、入心、入行"。第二,完善绩效考核。一强督查。校院两级联动,"两周一大巡、每日一小巡、每课一微巡"常态开展,发布督导简报促改进;"三期""三查"的教学检查机制有序运转,校院领导、专职督导"不打招呼"随堂听课成为常态。二强机制。"四驱联动"(部门目标考核、项目建设考核、教师业绩考核、学生学业考核)考核机制有效运转。"三重指标"(重能力、重业绩、重贡献)落地实施,"月清单式"考核方式全面推广,动态考核与目标达成度考核相结合,实施目标、项目和业绩考评。第三,健全激励机制。制定内部质量保证体系建设工作奖励和问责办法、专业技术岗位空岗竞聘实施方案、职称晋升考核办法,建立"人员能进能出,待遇能高能低"的运行机制。每年举办"最美教师""优秀辅导员""优秀教育管理工作者""年度考核优秀部门""优秀党支部"等评选活动、技能大赛表彰活动,考核结果与评先评优、奖励绩效分配挂钩。第四,营造文化氛围。首先,聚焦质量意识,构建质量文化体系。建构质量知识培训测试和宣传推广机制,推进质量上墙、上会、入课,借力学报院报、官网官微,营造矩阵宣传氛围,师生对质量理念认同度逐步提升;其次,强化"比拼"意识,将质量内化于心。各层面组织多轮"说诊"比赛,实现理念落地。最后,践行质量理念,师生获得感增强。学校管理由标准不全转变为按制度办事,关注学生"到课率"转变为"点头率",就业由找工作转变为挑工作,校园环境由简单朴素转变为四季常青、一步一景,师生切身感受到质量建设带来的可喜变化。

在学校师生员工共同努力下,学校顺利通过了内部质量保证体系诊断与改进工作省级评估,并成功申办鄂东技师学院,在全省率先开展职业教育和技工教育一体化发展试点;"六个一"产业学院建设模式荣获2020年度全国高等职业教育改革发展优秀案例20强和首届中国高职院校"智能机器人专业群国际影响力50强"。集团及院校走过了扩容提质的艰难历程，转向了提质培优的新阶段。

高质量承办第九届职业教育与城市发展高层对话会，全国人大常委会副委员长郝明金、人社部副部长汤涛等国家、省市领导，和全国25个省区市地方政府、职教社、职业院校、行业企业400余名代表出席会议，高度肯定、纷纷点赞黄石职业教育发展模式。2021年11月19日，在武汉承办了2021中国5G+工业互联网大会产教融合创新发展高峰论坛，学校的社会影响力和业内引领力显著提升。

2021年是学校"十四五"发展的开局之年，按照市"十四五"规划编制工作领导小组统一安排，由鄂东职业教育集团负责编制全市职业教育"十四五"规划，作为学校下一个五年发展的指导纲领。在深入调研和广泛听取意见基础上，形成了黄石职业教育"十四五"发展的基本思路。"十四五"时期，黄石职业教育目标定位是：通过5年努力，形成一批首创改革经验，实现"一城两区四跨越"。"一城"：争创国家产教融合试点城市。"两区"：建设全国职业教育促进经济社会发展试验区和武汉城市圈职业教育同城化发展示范区。"四跨越"：一是规模实现新跨越，集团在校生人数翻一番，达到3万人，包括中职1.5万人、高职1.5万人；二是质量实现新跨越，高职创建中国特色高水平高职学校和专业，力争用3~5年时间建成省级乃至国家级"双高"校，中职创建国家优质校；三是能力实现新跨越，毕业生留黄石就业率大幅提升到50%，职业培训实现倍增，达到50万人日；四是品牌实现新跨越，创建国家示范性职业教育集团，打造类型教育创新发展和集团化办学的黄石品牌。

"十四五"时期，鄂东职业教育集团的发展目标是非常明确的：建新校、创双高、升本科。

在实践过程中，学校提炼出一套"怎么办好一所学校""办什么学校"的独特的科学理念，并在这一理念指导下，办学取得了一系列成绩。职业教育"以服务为宗旨，以就业为导向，走产学研相结合的道路，为社会主义生产建设管理服务培养下得去、用得上、留得住的高素质技术人才"[1]，这一职业教育办学理念也在办学实践中得到彰显。

---

[1] 周建松. 树立科学先进的高职教育理念[J]. 天津职业大学学报，2017（4）：3-7.

（二）学校办学理念的形成并不是凭空臆想的，而是历史建构的，有黄石市红色精神的历史传承，也有时代发展的时代性价值观念体现

职业教育办学具有很强的区域性，学校的办学理念底色离不开学校所在地——黄石市历史发展所积淀下来的精神文化传统。

黄石因矿设厂，因厂建市，是中国早期产业工人的发源地。在党的坚强领导下，黄石地区的工人阶级和工会组织始终围绕党在各个历史时期的中心任务，在波澜壮阔的革命、建设、改革、发展历程中发挥了重要作用。1921年秋天，汉阳钢铁厂停产，汉冶萍公司抽调一批工人到大冶钢铁厂工作，作为第一个来到黄石工人中间传播马克思主义革命真理，负责组建党小组的林育英，受组织委派，利用此次机会，化名李福生，以翻砂工为掩护，同这批工人一起来到黄石。1922年3月12日，经林育英介绍，仇国升、刘敢生等人，在大冶钢铁厂仇国升的家里宣誓加入中国共产党。这是黄石地区的第一个党小组，不久后又发展了一批党员。随后华记湖北水泥厂、下陆机修厂、富源煤矿、富华煤矿党小组相继成立。1922年5月1日，中共港窑湖工矿区特别支部委员会成立。从此，黄石工人阶级在中国共产党的领导下，以全新的姿态开始了新的战斗。林育英传播的革命真理，点燃了革命的火种，照亮了黄石工人阶级前进的道路。在中国共产党领导下，黄石工人阶级不畏艰难，不惧牺牲，顽强拼搏，英勇战斗，摆脱了身上的锁链，迎来了新中国的诞生。

岁月不居，斯人已逝，但黄石工人运动之英雄事迹却依然清晰可见，被后世广为传扬，永远镌刻于历史的丰碑。党的革命先驱林育英，冒着生命危险多次辗转黄石，不负党的厚托，在黄石组建了第一个党小组和第一个党支部，将党的红色基因植入黄石工人队伍之中；黄石港地委书记丛允中，亲临前线、身先士卒，指挥工农武装浴血奋战，有力抗击了夏斗寅叛军对黄石的窜犯；湖北全省总工会特派员李兆龙，带领广大工人向"三座大山"发起猛烈进攻，砸毁了买办资产阶级侮辱工人人格、限制工人自由的"工匠门"；矿工楷模的吴运铎，身残志坚，但以惊人的毅力和顽强的精神，战胜了死亡的威胁，先后研制出步（机）枪子弹、迫击炮弹、枪榴弹和各种地雷，为抗日战争和解放战争的胜利做出了杰出贡献，被称为

"中国保尔";等等。

伟大工人阶级磨砺和铸就了具有中国工人阶级鲜明特质的"红色工匠魂"——不忘初心、牢记使命,坚定信念、恪守立场,用生命诠释民族大义;筚路蓝缕、奠基立业,不怕牺牲、无惧挑战,用奋斗演绎英雄本色;胸怀大局、心底无私,纪律严明、作风朴实,用敬畏书写人间正道;勇于探索、敢于创新,自强不息、负重前行,用智慧讴歌盛世华章。

一代又一代的黄石工人始终厚植红色基因、弘扬斗争精神、继承革命传统,他们以主人翁姿态投入社会主义革命、改革和建设浪潮,用汗水和智慧、用恪守与执着、用奉献与牺牲,不负"红色工匠"盛名,把昔日破败的小镇建成今天以原材料生产为中心的工业基地,不愧为革命战争时期摧毁旧世界的英勇战士,和平发展时期建功新世界的人民功臣。

新时代,站在党的百年历史新起点,黄石红色工运史实资源依然具有资政育人作用,用工人阶级的光荣传统凝聚力量,用工人运动的实践创造启迪智慧,培养和造就一批又一批的"红色工匠",为全面建成社会主义现代化强国、实现中华民族伟大复兴中国梦提供人才和技能支撑。

职业院校,作为我国产业发展技能人才培育的重要阵地,肩负着培育和传承工匠精神的使命。弘扬工运传统、传承工匠精神、培育红色工匠,为社会培养和输送合格的高素质高技能型人才,是黄石属地职业院校的人才培养链条的终极价值目标。

四、实践"立德树人"的举措

(一)提升以校长书记为首的学校管理层的专业化水平和胜任力,推进教育治理现代化水平

学校秉持管理育人的理念,施行"全员育人",加强管理队伍和管理人员的专业化水平和工作胜任力。

学校刘海平书记可谓是"跨界"的人:在政府工业企业管理部门工作多年,了解工业企业发展之需;进入职教界,心存教育情怀,一心办好职业教育,履行职业教育使命——以职兴城,正是出于对职业教育和工业企业发展更真切的了解。所以,能更好地进行顶层设计,科学定位学校办学

方向和发展模式，致力于发展职业教育，服务地方经济社会发展。

学校按照"5个过硬"① 标准，加强集团及院校领导班子建设；按照"年轻干部7种能力"② 要求，完善干部挂职锻炼、定期轮岗、交流任职培养机制，促进年轻干部在岗位实践中增长才干；建立健全干部选拔任用机制和常态化培训机制，建设一支政治过硬、品德高尚、业务精湛、治校有方、后继有人的专业化管理队伍。

各院校、机关各部门高度重视职业教育治理现代化工作，坚持目标导向、问题导向，制定各条各块和各院校的具体落实措施，实现项目管理、清单管理，确保各项任务落细落小、落实落地。改进工作作风，坚决克服和纠正形式主义、官僚主义，大兴调查研究之风和实干创新之风，着力解决集团改革发展突出问题；坚决反对开完会、发完文就算落实，严肃整治把说了当做了、把做了当做成了，搞层层部署、层层落空等行为。强化督办落实，把推进治理现代化纳入集团及院校各级党组织和领导干部履职尽责考核内容，加强对各级各部门工作落实情况的督办检查，对于工作不力、问题突出的单位和个人，严肃追责问责。

（二）树立"安全、健康、成人、成才"的育人理念，坚持安全是前提、健康是保证、成人是基础、成才是目标

学校牢固树立"安全、健康、成人、成才"的育人理念，深入践行"学习好、生活好、就业好""三好"服务理念。一学习好。推进职业教育和技工教育贯通融合，毕业证和技能等级证"双证融通"，让学生既是学员，又是学徒，既拿毕业证，又拿职业技能等级证，真正学会生存的本领。在最新公布的2020年享受国务院特殊津贴专家中，湖北工程职业学院2004届中职毕业生、留校任教实训教师、年仅33岁的王有安成为我市最年轻的，也是我市职业院校第一个获此殊荣的专家。二生活好。开展校领导联系二级学院、中层干部联系班级、党员联系宿舍、老师联系学生的"四联"活动，一对一服务学生，深受学生好评。在教育部高校招生"阳

---

① 学校在办学过程中的经验性总结和提炼，即信念过硬、政治过硬、责任过硬、能力过硬、作风过硬。

② 学校在办学过程中的经验性总结和提炼，即政治能力、调查研究能力、科学决策能力、改革攻坚能力、应急处变能力、群众工作能力、抓落实能力。

光高考"平台对全国1 200所高职高专满意度调查中,湖北工程职业学院连续三年排名全省第一。三就业好。坚持因材施教、各取所需,为希望就业的学生提供高质量就业,为希望升学的学生畅通升学渠道,近几年,高职毕业生就业率达97%,根据教育部第三方研究机构调查,学生毕业3年后的薪资水平每月达到6 700多元,高于全国高职院校平均水平1 000多元。

(三) 完善职业教育人才培养模式

与社会经济发展需求紧密联系,强化校企合作,开展教学实践工作,丰富和完善工学交替式、订单式、就业导向式的人才培养模式的内涵外延,将工匠精神的培育和锻造融入整个人才培养链条之中,贯穿于教育教学全过程。

(四) 构建"三全育人"体系

(1) 学校围绕"为党育人、为国育才"目标,加强党委对学校思想政治工作的全面领导,加强"五个思政"(即学生思政、教师思政、课程思政、学科思政、环境思政)建设,建立健全一体化"三全育人"(即全员育人、全程育人、全方位育人)体系。

引导专业课教师加强课程思政建设,将思政教育全面融入人才培养方案和专业课程。坚持文化育人,创建校园文化品牌。充分挖掘和利用社会、企业资源,共建德育实践基地和专兼职德育导师队伍。加强理想信念教育、爱国主义教育、新时代公民道德教育,培育和践行社会主义核心价值观;系统开展劳动教育,设立劳动教育必修课;加强文化艺术类公共基础课建设,创建中华优秀传统文化传承基地,强化新时代美育教育,让学生在校期间接受一次国学礼仪培训,引导学生多元成才,培养德智体美劳全面发展的社会主义建设者和接班人。

(2) 完善学生成才培养体系。对接国家战略和黄石产业需求,科学规划专业设置,用3年时间创建1~2个高水平专业群,用5年时间创建高水平职业院校;建立人才培养方案公开制度,加强课堂教学日常管理,规范教学秩序;推动"课堂革命",提升课堂教学质量;推进"三教改革"(即教师、教材、教法改革),逐步推行活页式、工作手册式、融媒体教材，探索分工协作的模块化教学组织方式；加强实践性教学，建立符合学生成长规律和企业生产规律的实习实训制度；加强职业道德、职业素养、职业行为习惯培养，提升学生职业能力，培养服务区域发展的高素质技术技能人才和大国工匠、能工巧匠。

（五）培育"双师型"教师队伍

学校办学的高质量，关键要有一支品德高尚、业务精湛、追求卓越、优势互补、相对稳定，且能满足教育、教学、实践需求的工匠型教师即"双师型"教师队伍。

（1）建立公平公正、充满活力的人事管理制度。坚持"三性一化"改革方向，加快人事制度改革，建立符合实际、机制灵活、运行高效的人事管理制度体系；成立教师发展中心，加强师资队伍建设的规划设计和统筹谋划；设立专项资金，实施现代产业导师特聘计划，聘请一批行业领军人才、企业高层次技术技能人才，建设一批技能大师（名师）工作室，培养一批专业带头人；加强兼职教师队伍建设，推动企业工程技术人员、高技能人才与学校教师双向流通，构建"双师型"教师队伍培养体系，建设一支数量充足、专兼结合、结构合理、师德高尚、业务精湛、充满活力的教师队伍。

（2）完善教师"三个能力"建设机制。按照教学、科研、服务"三个能力"（即教学能力、科研能力、服务能力）标准，不断完善教师成长体系和管理制度体系；规范和完善教师培训制度，有计划、分步骤实施教师素质提升计划；突出教师"双师"素质建设，校企共建一批教师实践基地，落实5年一轮的教师全员培训制度；健全"双师型"教师认定、聘用、考核等评价机制，突出专业教学能力、实践技能水平和社会服务实效；破除"五唯"（即唯分数、唯升学、唯文凭、唯论文、唯帽子）倾向，改革教师晋升和评价机制，将企业实践经历、业绩成果等纳入评价标准；创新绩效分配机制，引导和鼓励教职员工围绕中心工作干事创业、争先创优；多渠道争取政策，逐步增加事业收入，保障教师工资待遇稳步提升，提升师生员工获得感、幸福感。

（六） 创设相宜的学校文化环境

借力校园环境的渲染熏陶，把工匠精神融入学校办学思想、育人体系、教学理念、管理服务之中，切实促进工匠精神成为一种校园文化自觉，创设合乎广大师生"工匠精神"养成需求且思想性和艺术性相统一的优秀文化环境。

第二章　办学使命：以职兴城

每所学校都有自己特定的办学使命，它回答学校"是什么"和"能干什么"的问题，更准确地说是回答教育角色和功能问题，从知识生产到人才培养，到科学研究，到社会服务，再到今天多元角色和功能的共存。就学校的空间存在而言，其功能的发挥与所在地——城或镇之间就有了相互依存的共轭关系。本章所探讨的问题就是学校功能发挥与所在城市的互动关系，也是教育使命或教育功能探讨的一个重要方面。

一、职业教育的角色、功能及其与城市发展的关系

（一）职业教育的角色

我国职业教育发端于近代"师夷长技以制夷"的特殊历史背景之下，从一开始就被铺垫在教育救国和实业救国的时代大局中，就具有一种天生的悲怆之情。如果说黄炎培是我国职业教育之父，那么，以黄炎培为首的中华职业教育社及其职业教育实践就提出，职业教育的目的是"谋个性之发展，为个人谋生之准备，为个人服务社会之准备，为国家及世界增进生产力之准备"。时代背景使我国职业教育的时代命运成为其天然的社会使命。

孟景舟在《中国职业教育独特的价值与使命》一文中，从历史视角系统梳理了职业教育的角色和使命，他指出"我国职业教育在整个教育现代化过程中，始终充当了'反对党'的角色。20世纪上半叶，它扮演了封建旧教育涤荡者的角色。改革开放后，它复出于教育自身结构的调整，扮演了精英教育分流器的角色。今天，它成功地将自己的概念与疆域扩展到高

等教育领域，扮演了过度学术化矫正者的角色"[1]"职业教育从一开始就没有把自己局限在职业教育本身，而是自觉担负起了改造整个教育的重任"[2]。从这一命运看，我国职业教育的发展更多地应对了政治经济和社会发展和变迁的需求。

从历史来看，职业教育在和城市发展的关系上一直抱有一种主动的姿态，而城市的发展规划需考虑方方面面的因素，教育因素越来越得到重视，也是必须重视的一个因素。

（二）职业教育的功能

职业教育对社会发展所具有的政治功能、经济功能、文化功能一直占据着主导地位，但随着社会的进步与发展，职业教育功能也在发生变化，人们对职业教育"能干什么"赋予了更多的内涵期待，要求与整个社会的发展、与促进人的全面发展、与多样化需求相适应，发挥促进人类社会进步的作用。

目前在学术界，人们对职业教育具有哪些功能的认识十分不一致，对职业教育功能问题的回答众说纷纭，莫衷一是，甚至对一些范畴、概念的理解、使用也是混乱不堪。从词源上讲，"功"辞源称"事也"，事有成效曰"功"，"能"是能量、功能，指事功和能力或功效与作用。"功能"指事物不仅具备对其他事物发生作用的能力，而且是必须在与其他事物的相互联系与相互作用中才能表现出来的。所以，相互联系与相互作用是事物功能的表现方式，离开与其他事物发生联系的这种方式，事物功能的存在就无法确定。

究竟何谓"功能"，目前存在着一种"主观论"和"客观论"的分歧。前者涉及"职业教育应该有什么用"的问题，在功能概念的实际内涵上与"目的""愿望""动机"等主观范畴同义，后者涉及"职业教育事实上有什么用"的问题，在功能概念上则指实际产生的作用、后果、影响等客观范畴。从目前主流研究观点来看，职业教育的功能问题一般包括职业教育在社会发展和人的发展中所特有的专门作用。

---

[1] 孟景舟. 中国职业教育独特的价值与使命 [J]. 职教论坛, 2021 (6): 23-28.
[2] 同[1].

职业教育在新世纪社会转型的价值方面由多元化功能朝多样化方向发展。首先，职业教育的社会整合功能得到凸显。职业教育的社会整合功能主要是通过学校职业教育和职业培训为弱势群体，包括农民、农民工、下岗工人以及其他低收入群体提供一技之长，增加他们的收入以缩小社会阶层之间日益扩大的差距。其次，随着20世纪90年代信息革命的到来以及工业化的影响，职业教育为制造业、现代服务业提供技能和技术型高素质劳动者的功能得到了逐步发挥。另外，随着消费社会的到来，职业教育尤其是在发达城市的各种社会培训，逐步在满足有闲阶层的休闲需求，提高他们的生活质量方面发挥着功能。概而言之，职业教育功能越来越多元，也越来越被人认知和期待。

（三）职业教育发展与城市发展的关系

职业教育发展的区域性，决定了其功能发挥与所在城市的密切关系。古今中外，已经有了很多城市和学校相互成就的案例。政府和学界对此也都很重视，"职业教育与城市互动关系"论坛定期召开，一些基本问题也已经达成共识，而且逐年细化和深化。

2014年12月28日，"职业教育与城市发展高层对话会"在合肥举办，第十一届全国政协副主席、中华职业教育社理事长张榕明出席并讲话。张榕明在主旨演讲"让职业教育与城市发展良性互动同向同行"中，从城市建设和发展面临的课题和任务、职业教育发挥的作用以及如何充分发挥职业教育的功能和作用、为城市发展服务等方面作了阐述。她指出："要研究职业教育与城市发展的关系，首先要明确我国城市发展面临的课题和任务。职业教育与城市发展之间是融合成长、互相制约与促进的共生关系。职业教育培养提升从业人员的工作能力，是现代城市产业发展的重要支点；推动和促进就业创业，是城市稳步健康发展的重要保障；直接提升市民的职业素养能力，是提升城市综合实力的重要基石，在城市建设和发展中具有不可替代的作用。"[①] 她强调："我国经济社会发展进入了经济增速放缓、结构不断优化调整的新常态。职业教育和城市建设要主动适应新常

---

① 闫志刚. "2014职业教育与城市发展高层对话会"在合肥成功举办 [J]. 教育和职业，2015（1）：22.

态，实现更高质量的发展，重点要从三个方面加强努力，一是要认真研究新常态下职业教育发展的形势，努力完成国家城市化战略赋予的新任务；二是要统筹规划职业教育格局，构建职业教育与城市发展的联动机制；三是要主动融入社会，走进企业，坚持走有区域特色的职业教育发展之路。"[1]

2015年11月25日，由中华职业教育社主办，中共德阳市委、市政府和四川省中华职业教育社承办的"2015职业教育与城市发展高层对话会"在四川省德阳市召开。全国人大常委会副委员长、民建中央主席、中华职业教育社理事长陈昌智出席并作主旨讲话，还就中华职业教育社在德阳设立"职业教育促进经济社会发展示范区"向中共德阳市委书记蒲波授牌。会上，各专家领导分别就会议主旨进行发言，阐述了职业教育发展和城市发展的关系："职业教育在城市发展中具有不可替代的作用"，"职业教育是城市核心竞争力的重要组成部分，是城市可持续发展的重要支撑，是城市健康发展的根本保障"；"城市发展对职业教育的繁荣具有重要的推动作用，城市化进程的加速为职业教育提供了广阔的发展空间，城市进一步发展可能遇到的经济发展转变、产业转型升级也会给职业教育发展带来相应的机遇和挑战"；"要努力做到城校联动、产教融合、校企合作，努力形成政府、社会、学校、企业和家庭都来关心、重视职业教育发展的良好氛围，以城校联动来助力实现职业教育与城市发展的共同繁荣。为此，职业院校要由单一功能型向复合功能型转变，政府要为职业教育发展提供更好的环境，职业教育要在城校联动、协同发展和加快新型城镇化的进程中实现自身价值"。

继2014年安徽合肥、2015年四川德阳之后，2016年5月26日，"2016职业教育与城市发展高层对话会"在江西九江共青城召开，签署了共同推进"职业教育促进经济社会发展试验区"建设协议书。围绕职业教育与城市发展这一主题，就在新形势下职业教育如何改革创新发展、更好地为城市发展服务进行了深入探讨。大会紧跟时代发展需要和国家政策导向，在"乡村振兴"背景下探讨职业教育发展问题。

紧接着2018年的会议，讨论了同样的问题。从这一个视角可以看出，

---

[1] 闫志刚."2014职业教育与城市发展高层对话会"在合肥成功举办［J］.教育和职业，2015（1）：22.

职业教育发展与城市发展关系得到政府和学界的高度重视，就一些基本问题已经达成一致的观点：城市（地方政府）从经济—资金和技术、政治—政策和宣传、文化—氛围和风气、社会—资源和服务等几个方面对职业教育发展给予支持。反过来，职业教育从相应的几个方面满足城市发展的需求。

二、学校办学服务城市发展：以职兴城

湖北工程职业学院在办学过程中坚定自己的使命，就是服务地方经济社会发展，坚持以职兴城，通过职业教育来服务推动黄石产业和企业发展。学校在办学过程中，一直都非常清楚学校的定位和使命，在提供城市发展需要的人才供给、地方产业专业支撑和社会发展服务方面都进行了科学的顶层设计和实践。

（一）助推"技能黄石"建设，弘扬工匠精神，培养更多高素质技术技能人才、能工巧匠、大国工匠，为黄石城市发展，乃至武汉城市圈同城化发展示范区建设提供有力的人才和技能支撑

黄石以工业兴市，建设"技能黄石"是城市建设的目标之一，培养一大批高素质技能型人才并留用黄石是达成这一目标的必要条件之一，但实现这一目标目前还有很大的困难——"招工难、就业难、留工难"。湖北工程职业学院在和市里有关部门沟通后，担起了这一重任。

1. 深入调研，精准查找问题和形成原因，采取措施，对症下药

调研发现，黄石就业主力军是高职毕业学生，但在服务黄石企业用工需求方面还存在以下问题。

（1）就业稳定性较差。由于各种原因，集团每年推荐到黄石本地企业的学生大量离岗。以2018年为例，集团院校推荐到本地企业教学实习和顶岗实习的学生达3 000人次，实习结束后，初次就业留黄石比例为32%，工作一段时间后这个比例下降至21%。甚至存在推荐的学生越多，离职率越高的现象。

（2）留黄石就业率偏低。2017—2019年，留在黄石的毕业生就业率平均为21.63%，主要分布在电子信息、装备制造、文教卫生等行业。从毕

业生就业城市来看,流向最多的城市为武汉、黄石、深圳、黄冈。其中在武汉就业的占 27.15%,说明武汉虹吸效应依然严重。

(3) 社会培训提升空间较大。随着产业转型升级,企业对职工的技术技能需求日益增长,据黄石市人社局调查,超过 90% 的被调查企业要求技术工人应具备初中级职称或初级工、中级工职业资格等级。截至 2019 年 1 月底,全市产业工人总数达到 40 多万,退役军人、往届中学毕业生、返乡农民工和下岗工人、待业大学生等未经过专业培训的"低技能群体"数以万计。黄石社会培训市场巨大。特别是 2019 年国家将从失业保险基金结余中拿出 1 000 亿元,用于 1 500 万人次以上的职工技能提升和转岗转业培训,这既是集团发展的重大机遇,也是对集团培训能力的重大考验。集团社会培训能力还有巨大的提升空间。

问题调研清晰后,立即展开产生招工难、留工难、就业难问题的原因分析,发现有政、校、行、企多方面的原因。从教育角度看,主要包括以下几个原因。

(1) 本地生源过少。调研显示留黄石就业主力人群为黄石籍学生,数据显示,2018 届留黄石就业的毕业生中,黄石籍学生占 63.71%,排第二位的是黄冈籍学生,占比 17.51%。但黄石生源流失严重。黄石每年流失到外地的生源达到万余人。因此要提高留黄石就业率,关键是要提高本地生源数。

(2) 专业设置存在问题,主要体现在:与黄石九大产业对接紧密度不够,化工医药、节能环保、饮料食品等产业没有相关的专业对接;与黄石模具、装备制造、电子信息、汽车维修等产业对接度高的传统专业(如数控、汽车运用、电子信息、机械、机电等),招生持续萎缩。以数控技术专业为例,招生规模从 1 000 余人逐渐减至 40 余人。并且绝大多数毕业生都不愿从事相关行业,数控专业与就业岗位相关度较低,仅为 27%。会计、室内装饰、动漫设计等"白领专业"、市场饱和专业,招生却爆满。以会计专业为例,2018 年就业率和薪酬均低于全校平均水平,但每年招生都达 200 人以上。高职没有设置医卫、艺术、农牧类专业,无法与中职有效衔接,因此中职学校只能舍近求远,与武汉、仙桃、荆门等地高职院校合作,加剧了生源外流。近三年黄石每年流失的中职生源达 1 500 人左右。

(3) 产教融合不紧密。校企合作存在"一头热"现象,主要表现在:

第一，企业在生产旺季"要人"很急，但是对参与合作育人的热情不高，在人财物上持续稳定的投入不足，导致了学生对企业的黏性不强。第二，校企供需不平衡。据市人社局《2019年黄石市企业用工需求调查报告》，黄石市企业普工占用工总需求的81.9%，这与高等职业教育高素质技术技能人才的培养目标不相适应。学生经过3~6年的职业教育，进入企业后与没有经过职业培训的普工同工同酬，表示很受打击。第三，薪酬待遇不高。据第三方调查机构麦可思数据，湖北工程职业学院2015届学生毕业3年后平均月薪为6 752元，高于全国高职平均水平1 116元。其中留黄石就业薪资比黄冈要低1 000余元。第四，"00后"学生谋生压力不大，更看重是否加班、是否有互联网接入、是否有体面的工作环境或较高的工作回报；更倾向于到外面见见世面，存在"宁愿在深圳睡大街，也不愿在黄石坐办公室"的想法。第五，本地企业对学生工作生活和职业规划关心不够，存在超长时间加班、生活配套设施缺乏、人文关怀不足等问题。用工不规范情况依然存在。

(4) 供给能力不足。集团院校承接企业培训的意愿很强，但是受制于办学空间、实训设备和师资力量不足等问题，承接服务的能力有限。以高职为例，湖北工程职业学院生均占地面积约30平方米，仅为"合格标准"的1/2。师生比1∶25，根据"国标"，教师缺口达105人。在保证学校正常教学秩序的前提下，集团教师只能利用寒暑假、节假日和晚上时间为企业员工培训，但是拘于现有绩效工资制度，他们的付出无法得到对等的回报。必须加快人事和分配制度改革，释放人才活力。随着国家"1 000亿元、1 500万人次"培训政策落地和黄石制造转型，技能培训需求将会剧增，集团亟待加强供给能力建设。

2. 查清问题和原因，争取市政府和行业、企业的支持，进行教育改革，提升人才培养质量，提升学校吸引力，坚持"两条腿走路"，一是学历教育，二是社会培训

(1) 扩招本地生源。要大幅度扩大本地就业，必须在源头上解决。为此，鄂东职业教育集团根据实际，制订了2019年黄石生源招生计划，高职招收的新生中黄石地区新生要达到1 200人。借鉴省内其他地市州经验，采取如下措施：第一，落实普通高中和中等职业学校招生规模大体相当的

政策，将普通高中和中职招生的普职比明确为5∶5。第二，借鉴黄冈、咸宁等地经验，明确普通高中和中职学校应届毕业生填报本地高职院校的比例。制定任务分解书，将生源输送任务纳入职校和高中校长年终评优、评先、晋级的重要内容。第三，规范招生秩序。对外地学校来黄石招生进行规范管理，未经市、县教育局批准不得擅自进校宣传。严禁任何学校及个人以营利为目的向外输送生源。

（2）提升人才培养质量。支持湖北工程职业学院按照国家"特高"计划，加快推进优质校13个项目的对标建设，进入全省高职学院第一方阵；支持湖北城市职校发挥国家示范学校辐射引领作用，支持黄石艺校特色品牌建设，打造全国一流特色职教，为黄石企业转型升级输送更多高级技术人才。同时，提升人才培养质量，进行"三好"教育，以质量吸引和留住学生。

（3）探索企业新型学徒制。对接"高职扩招100万"计划，探索企业新型学徒制，扩大与企业联合招生试点范围，联合培养往届高中毕业生、退役军人、下岗职工、返乡农民工3年达到1 500人。

（4）提升学校社会培训能力，做好社会培训工作。主动对接新冶钢、华新、劲牌、新港重科等大型企业，共建20个企业员工培训中心和生产性职工培训基地，积极承担企业员工培训。主动对接市总工会、市人社局，积极承担职工培训、技能比武、考试考证等政府购买服务，创建一批全省优秀、全市领先的职业技能培训示范基地，做大做强集团职业技能培训品牌。主动与湖北师范大学、湖北理工学院、文理学院等高校对接，积极承接大学生技能实训和就业培训，解决大学生就业难问题。聘任一批企业能工巧匠列入培训师资库，壮大社会培训师资力量。探索合作培训新模式，创新服务机制，优化培训流程和标准，建立科学培训组织体系，突出做好五大培训：针对企业新员工的岗前培训；针对企业技术骨干的技能提升培训；针对"六类"人员（贫困家庭子女、高校毕业生、城乡未继续升学的应届初高中毕业生、农村转移就业劳动者、城镇登记失业人员和退役军人）的就业培训；围绕产业升级的新技术培训；政府部门组织的专项培训。

学校坚持立足黄石、融入黄石、服务黄石，大力开展技能提升行动，年职业培训量 2020 年达到 12 万人日，2021 年达到 18 万人日；留黄石就业率 2021 年达到 38%。

（二）开展校企合作，专业群建设，支撑黄石产业转型和制造业数字化转型升级

（1）聚焦黄石工业企业数字化转型升级，做实做强工业互联网产业技术研究院，助推黄石先进制造之城、创新活力之城建设。在全国高职院校中，率先成立工业互联网产业技术研究院，启动黄石模具行业工业互联网应用平台建设，推动中小微企业"入网上云"。于 2019 年 11 月在第二届中国（黄石）工业互联网创新发展大会上，揭牌成立黄石市工业互联网产业技术研究院。研究院成立以来，一是聚焦技术研究和应用推广，重点推动智库咨询、技术应用和人才培养工作。二是汇聚资源，联合中国信通院、工联院、信通传媒等工业互联网科研机构，先后导入图像识别、大数据、工控安全、物联网、工业机器人等技术资源，服务产业企业的应用发展。三是开展智库咨询，编制发布工业互联网发展蓝皮书，举办工业互联网创新发展首届云上研讨会，与华为及国内 48 家高校联合发起全国"5G＋"产教融合高端峰会，2020 年 10 月底联合中国职教学会举办工业互联网产教融合创新发展论坛。

（2）紧密对接黄石工业企业需求，提升科技应用服务水平。一是迅速启动工业互联网应用平台的研发和建设。对全市 PCB（印制电路板）和模具行业企业进行调研，先期选定模具行业，进行工业互联网应用平台的研发建设，为企业提供供应链管理、产品管理、订单管理、协同制造等综合服务。目前正在加紧推进平台框架构建，初步建成平台模型，并上线运行。谋划建设黄石工业互联网发展指数应用平台和技术成果转化交易平台。二是支撑企业数字化转型和智能化改造。组织研究院成员单位，先后为劲牌公司枫林酒厂清香型白酒生产数据进行大数据分析，有效提升成品酒优质率；为大江环保远程监控和数据采集提供解决方案；为邦柯公司无人工厂、智能车间建设提供设计方案；为东贝集团培训工业互联网技术骨干 203 人次，参与组织全市企业领军人才工业互联网专题培训，力争到 2023 年集团年职业培训量达到 30 万人日，其中工业互联网培训达到 10 万人日。三是推进产学研一体化。与中国电信湖北公司共建全省5G联合创新实验室，推进智慧校园技术创新；成立鄂东南保护性建筑数据中心，为黄石古村落、工业遗产建立数字化档案。

（3）成立黄石市发明协会、鄂东南保护性建筑数据中心以及港口物流、工业机器人、临空产业技术研究院等10个科技创新平台，有力地支撑了黄石产业企业数字化转型和智能化升级。

（4）职教集团坚持围绕产业链调整专业链，根据专业链建设课程链，通过课程链培育人才链。一是优化专业结构。成立工业互联网学院、智能制造学院，开设人工智能、物联网、大数据、工业机器人等9个专业，为黄石数字化转型提供人才供给、进行人才储备。二是加强双师型队伍建设。通过培养、聘用、引进等方式，充实加强教学、科研和社会服务的队伍建设。目前，工业互联网学院有专职教师49名，其中教授、副教授19名，研究院现有核心团队5个，科研实训室30个。三是提高人才培养的适配度。与中国信科大唐通信、树根互联、上海天律、卓尔信科、博诺机器人等工业互联网企业开展"双主体育人"，校企共建中国工业互联网研究院人才培训基地、华为5G+数字化人才培养基地；牵头编写全国高职高专工业互联网专业教材，培养企业急需的"云、大、物、智"复合型技术技能人才。

（三）服务城市多方位发展需要

（1）高职成功申报学前教育和护理两个急需专业，围绕民生急需和市域治理现代化，大力开展服务基层治理的社区工作者培养工程、公共卫生管理人才培养工程、服务非遗文化传承的数据建设工程和服务"一带一路"的海外技工培育工程。

（2）建设职业体验中心10个，面向中小学开展社会实践课、劳动技能课、职业体验课等服务，将职业精神培育向普教延伸。

（3）共育"黄石工匠"，助推"黄石工匠"大赛形成品牌效应。举办校赛，承办市级大赛，积极参加省赛、国赛，培养、选树一批优秀工匠。

（4）广泛宣传，大力培育和弘扬工匠精神。深入企业和学校，举办职教宣传、咨询、招生、招聘活动，展示职业教育的魅力，大力弘扬劳动光荣、技能宝贵、创造伟大的时代风尚；积极开展"职业教育活动周""工匠进课堂""职业体验月""70 周年职教成果展"等专项行动,从娃娃抓起,引导中小学生树立职业意识和工匠精神;通过传统媒体和新媒体,加强立体式宣传,让学生感受黄石经济社会的发展,了解黄石的产业规划、人文特色、就业政策,引导更多毕业生留黄石就业;持续做好"黄石企业校园专场招聘会",做大规模,做强影响,做出品牌,为黄石本地企业做好宣传;实施工匠精神培育融入课程计划,对接黄石本地企业标准和行业规范,细化职业技能培训课程体系和教学质量标准,将企业的经营理念、管理制度、质量标准、文化生活、安全环保、健康卫生等贯穿人才培养全过程,增强学生对企业的认知度、好感度。

三、地方政府重视支持职业教育发展

黄石市作为湖北省"一主引领、两翼驱动、全域协同"战略布局的重要节点城市,总面积 4 583 平方千米,下辖 4 个城区、1 个县,代管 1 个县级市,全市常住人口 247.4 万人。近年来,黄石正处于调整城市发展布局,加紧优化产业结构,构建高端高质高新产业体系和高水平开放性经济新体系的重要时期,迫切需要以职业教育的提升发展,带动高素质技术技能人才队伍的培养壮大,支撑黄石产业从"制造"到"创造"再向"智造"转变,从规模、结构、质量、效益等方面进行全方位谋划,发挥现代职业教育提升黄石市劳动力技术技能素质、服务经济社会转型发展的作用。

地方政府对职业教育的重视程度前所未有,黄石企业每年用工缺口在 3 万人以上,为此,黄石市委、市政府把职业教育作为工业转型的战略工程,举全市之力发展职业教育,投资 33 亿元,按照占地 970 亩、建筑面积 50 万平方米、在校生 1.8 万人的规模,在国家级开发区建设湖北工程职业学院新校区。

(一)深化职业教育改革,推动职业教育高质量发展,构建职业教育的新生态

1. 推动职业教育集团化发展之路,从职教管理向职教治理转变,构建政校行企命运共同体

2015 年 7 月,黄石市委、市政府对城区职业教育资源进行整合,由湖

北工程职业学院牵头，组建鄂东职业教育集团。目前集团横跨学历教育和技工教育两个体系，贯穿中职、高职、本科、技工与技师教育四个办学层次，下辖湖北工程职业学院、鄂东技师学院、湖北省机械工业学校、湖北城市职业学校、黄石艺术学校和黄石市高级技工学校6所学校，有教职员工1 500余人、在校生2万余人。与一般职教集团或联盟不同，鄂东职业教育集团是公益二类事业单位，受市委、市政府委托，代表市政府履行出资人职责，承担政府举办职业教育职责。

通过集团这个平台，整合政、校、行、企、研各方资源，共建职业教育，推动职业教育治理体系和治理能力现代化，形成了职业教育倍式增长的源动力和新生态。实践证明，这种模式在整合资源、产教融合、鼓励创新等方面具有显著的优势，同时也符合国家"类型教育"的政策导向，是探索职业教育集团化办学的可行路径。

2. 通过在职业教育领域的一系列改革和探索，在构建职业教育生态方面取得了显著的成效，职业教育的吸引力、贡献力和影响力显著提升

近三年，鄂东职业教育集团的招生规模翻番、录取分数线翻番、留本地就业率翻番，职教生态建设模式被评为2020年度全国高等职业教育改革发展优秀案例20强，在教育部中国职业技术教育2020年学术年会上作典型交流。高质量承办第九届职业教育与城市发展高层对话会，全国人大常委会副委员长郝明金、人社部副部长汤涛等国家、省市领导，和全国25个省区市地方政府、职教社、职业院校、行业企业400余名代表出席会议，高度肯定了黄石职业教育发展模式。

（二）近年来，黄石地区生产总值和工业增加值均名列全省前茅，工业经济得到长足发展，而工业经济的发展是黄石发展职业教育肥沃的土壤

黄石是中国近代工业的发源地，中国近代第一个钢铁联合企业，中国第一家机械化露天开采铁矿，湖北省第一只股票、第一条铁路都诞生于黄石，工业是黄石的城市之魂。近年来黄石工业的现代化转型给黄石职业教育发展提供了机遇。

建设"校企融合型城市",探索黄石产业学院建设。国家对职业教育地位的提升前所未有,黄石产业对技术技能人才的需求前所未有,市委市政府对职业教育的重视程度前所未有,把职业教育作为产业转型战略工程,举全市之力大力支持。职业教育创新发展的良好社会环境和强大支撑体系逐步形成。

产业学院的基本定位是,根植黄石工业,服务黄石工业。建设产业学院之初就明确,学院建设切忌大而全,一定要找准定位、精耕细作,黄石是一座工业城市,湖北工程职业学院是一所新工科学校,服务黄石工业转型发展,是时代赋予的使命。

每个产业学院对接黄石一个产业、服务一批龙头企业。每个产业学院都不是无中生有、凭空想象的,都对接黄石一个主导产业,与一批龙头企业合作,联合招生、联合培养,共同办学,共同建设专业、实训基地、双师团队、教学资源库,定制化培养企业需要的技术技能人才。

黄石发展产业学院还有无处不在的空气:黄石工业文化底蕴深厚,黄石人民身上都流淌着工业的血液,崇尚劳动、崇尚技能的意识已深深融入了黄石人民的基因里。

黄石职业院校从68所到16所,到3所,再到现在的1所,反映的是一部黄石工业经济发展史。实践经验证明,产业兴,则职教兴。

四、职业教育和城市发展形成共轭关系的成就

经过"十三五"期间校市共建协调发展,基本建立了校市良性互动关系,全市基本上形成了政府推动,行业、企业和社会力量参与的多元化的职业教育办学格局,建立了以高等职业教育为引领、中等职业教育为基础、各类职业培训为补充、适应市场需求、结构合理、特色鲜明的职业教育体系。近年来,6 000余名中职学生通过技能高考、"3+2"中高职衔接培养进入本科、高职院校学习。举行职业教育活动周、职业院校技能大赛、承办国际移动机器人比赛,覆盖全社会的职业教育体系日趋完备。黄石市职业(技工)学校区域分布、办学性质及特色等情况如表2-1所示。

表2-1 黄石市职业（技工）学校区域分布、办学性质及特色等情况

所在区域	序号	单位	办学性质	主管部门	主要专业特色
下陆区	1	湖北工程职业学院（含鄂东技师学院）	公办高职	市政府	新工科
下陆区	2	湖北省机械工业学校（含黄石高级技工学校）	公办	鄂东职业教育集团	智能制造、汽车、建筑等工科
下陆区	3	湖北城市职业学校	公办	鄂东职业教育集团	护理、商贸和制造类
下陆区	4	黄石艺术学校（艺术高中）	公办	鄂东职业教育集团	艺术、学前教育
下陆区	5	大冶有色职教中心	企业举办	中国有色矿业集团	有色金属冶炼
黄石港区	6	黄石市体育运动学校	体育部门举办	市体育事业发展中心	体育
开发区·铁山区	7	武汉工程职业技术学院铁山中职部	企业举办	宝武集团	员工培训
西塞山区	8	黄石市电子技术技工学校	技工学校	市供销社	学前教育、电子商务
大冶市	9	大冶中等专业学校	教育部门举办	大冶市教育局	芳香服务、交通、机电、旅游服务、文化艺术
大冶市	10	大冶市职业技术学校（含湖北俊贤技师学院）	社会力量举办	大冶市教育局、人社局	芳香服务、交通、机电、旅游服务、文化艺术
阳新县	11	阳新县中等职业技术学校	教育部门举办	阳新县教育局	农林畜牧、电子技术、护理、计算机技术
阳新县	12	黄石第一技工学校	技工学校	阳新县人社局	农林畜牧、电子技术、护理、计算机技术

更重要的是职业教育质量得到稳步提高。校市坚持深化产教融合、校企合作，在一系列努力下，湖北省机械工业学校、湖北城市职业学校先后完成国家示范项目建设，分别以首批、第二批进入1 000所国家示范中职学校行列，阳新县中等职业技术学校晋级为省级示范中职学校。连续5年组织开展全市职业教育技能大赛，300余名学生在国家和省市技能大赛中获奖。60%以上的学生实现学历证书、职业资格等级证书"双证书"毕业。近年来，全市高等职业学院毕业生留黄石就业率达到33%以上，全市中职毕业生就业率（含中职升高职）始终保持在95%以上。黄石市职业院校基本信息如表2-2所示。

校市共建，不仅推动了黄石职业教育的发展，也推动了黄石经济社会的发展。近几年，产教深度融合的育人机制逐步完善，通过订单培养和合作办学等方式向企业输送毕业生近万人，为社会各行业企业培训员工约2万人次。推动职业院校聘请企业高层、精英人才、技术骨干担任专业建设顾问和指导教师，实现校企共育技能人才。自2015年以来，黄石职业院校为企事业单位培养了3万余名技术技能人才，毕业生就业率稳定在95%以上；面向全市企业职工、退伍军人、新型农民开展非全日制免费学历教育试点工作，免费培训职工4 600多人。积极承接国家"1 000亿元1 500万人次技能培训"任务，开展各类职业培训，2020年的培训量超过18万人日。实施精准脱贫职业技能培训，1.7万名农村贫困家庭子女免费享受职业教育，5 000多名农村剩余劳动力接受职业技能培训。选派科技特派员进驻企业，为企业发展排忧解难，组建产学研团队、技术研发中心、产业研究院，申报专利80余项，助力企业科技创新。

当然，我们在看到成绩的同时，必须要承认一个现实，即虽然国家及政府层面重视职业教育，但在全社会范围内对职业教育仍旧缺乏足够的认识，呈现政府重视、社会轻视、家长歧视、学生鄙视的尴尬状态，漠视职业教育、重视普通教育的情况依然存在。在教育系统内部，职业教育治理体制机制尚未健全，联席会议制度尚未建成，各主体间权责不够明晰。在现行教育观念下，社会对职业教育的认知仍旧不足，需要进一步加强政策引导和对职业教育的宣传。

表2-2 黄石市职业院校基本信息

序号	单位	在校生人数/人 2018级	在校生人数/人 2019级	在校生人数/人 2020级	总人数	在编在岗教职工/人	校园面积/亩	校舍面积/平方米
1	湖北工程职业学院（高职）	1 963	2 573	3 892	8 428	351	347.24	152 604
2	湖北省机械工业学校（含黄石高级技工学校）	841	1 349	1 263	3 453	—	—	—
3	湖北城市职业学校	1 691	1 839	1 242	4 772	275	495	96 806
4	黄石艺术学校（艺术高中）	632	864	907	2 403	148	97.25	27 423
5	大冶专色职教中心	8	182	82	272	34	25.5	17 800
6	黄石市体育运动学校	50	53	57	160	55	129.06	27 671
7	武汉工程职业技术学院铁山中职部	241	44	26	311	21	102	51 927
8	黄石市电子电工技术学校	0	0	60	60	10	12	6 500
	黄石城区小计	5 426	6 904	7 529	19 859	894	1 208.05	380 731
9	大冶中等专业学校	57	82	163	302	31	64.94	4 850
10	大冶市职业技术学校（含俊贤高级技工学校）	980	1 219	1 762	3 961	158	208.10	22 170

续表

序号	单位	在校生人数 2018级	在校生人数 2019级	在校生人数 2020级	总人数	在编在岗教职工/人	校园面积/亩	校舍面积/平方米
	大冶市小计	1 037	1 301	1 925	4 263	189	273.04	27 020
11	阳新县中等职业技术学校	978	1 176	1 212	3 366	157	125.63	68 121.5
12	黄石第一技工学校	775	730	715	2 220	63	120	56 000
	阳新县小计	1 753	1 906	1 927	5 586	220	245.63	124 121.5
	合计	8 216	10 111	11 381	29 708	1 303	1 726.72	531 872.5

校市共建，形成良性互动、共同发展的大格局，还有一段艰难的路要走。《黄石市职业教育事业发展"十四五"规划》（2021—2025）的美好蓝图让我们看到了政府的决心和强有力的规划与保障。

五、反思与展望

未来已来，"后职业教育时代"已经来临，我们要重新思考一些问题：新时代新社会常态下，职业教育的功能是什么？职业教育和城市发展的关系是什么？

随着社会主要矛盾的转变，职业教育的高质量诉求成为必然。我们有必要跳出职业教育内部，从职业教育外部看待和思考这一问题，从国家和学者立场转向民间立场，从关注供给侧转向需求侧；正视职业教育的多元功能需求，关注职业教育的教育属性和文化属性；分析职业教育未来的受教育者主体——"00后"的特点和需求，为他们提供所需求的高质量的职业教育，既满足职业教育的社会需求，也满足职业教育的个人需求。我们应真正使职业教育拥有一种愿景：学生会为一校而爱一城，为一城而来一校，并以此为荣，成为忠实的和有能量的校友。

第三章　产教融合：树立"三个意识"

目前，我国职业教育发展已经进入至关重要的转型期，随着"中国制造2025"规划纲要的提出，职业教育将承担应用型人才产出的重任，不同地区不同职业院校都在进行职业教育产教融合的探索之路。面向新一轮科技革命和产业变革，科技创新呈现出许多新的发展态势和特征，这对培育"新一代"工程人才提出了新的更高要求与挑战。随着时间的推移，从教育部指出要实现"校企合作"，到"产教结合"被提出，再到"产教融合"第一次出现在国家政策中，如今产教融合试点项目已在全国范围内如火如荼地展开。在相关政策的大力支持下，产教融合之路正在不断延伸："卓越工程师培养计划"以及"复旦共识"等新工科系列建设说明政府在尝试推动产教双方携手培养工程人才。2017年年底，国务院办公厅正式将产教融合拔高为国家教育改革的重要制度安排，使之正式成为我国解决人才培养领域的教育供给和产业需求"两张皮"问题的关键路径。六部委联合下发《国家产教融合建设试点实施方案》，有效促进一批企业和高校踏上产教融合的道路并展开探索，形成诸如百度人工智能学院等成功案例。这些成功案例表明：深化产教融合，能够有效促进教育链、人才链、产业链和创新链的衔接与融合，进而为提高面向产业需求的工程人才培养质量创造良好的基础条件。

一、国外产教融合的发展及现状

产教融合是指职业学校根据所设专业，积极开办专业产业，把产业与教学密切结合，相互支持、相互促进，把学校办成集人才培养、科学研究、科技服务为一体的产业性经营实体，形成学校与企业浑然一体的办学模式。

产教融合是在合作教育理论的基础上提出来的，合作教育理论起源于 1903 年英格兰桑德兰教育技术学院的"三明治"教育和 1906 年美国辛辛那提大学工程学院的工学交替合作教育。美国职业协会于 1946 年公布的"合作教育宣言"认为"合作教育是一种理论研究与实际工作经验相结合，使教学更有效的教育模式"。学校与企业共同合作培养学生是校企一体化办学的基本特征，同时，教育与实际工作相结合也必不可少。采用校企合作、工学结合的人才培养模式可以更有效地达到和实现培养目标。合作教育理论成了校企一体化办学模式设计的重要依据。Allan 提出工厂内生产线上优质工人的培养模式应有别于高等教育培养模式，应该将培养效果与能否胜任相应岗位的工作作为考核指标，并建议成立专门的职业教育学校，在教学过程中侧重于与生产活动的结合，他将这种模式称为"产教融合"。Jon 和 John 认为把握产教融合概念的关键是要关注社会经济发展趋势与职业教育发展程度适配程度，以及职业教育对产业发展依赖程度，从学校与社会、学校与产业、办学模式与教学方式等三个不同层面进行认知。这种产教融合发展与市场经济的相关性也得到了其他学者们的认可，并在深入研究中指出主体多元化特征造就了产教融合的多元特征。对产教融合影响因素的分析方面，Santoro 和 Austin 研究了专业设置、教师水平、教学模式等不同的职业院校产教融合实施的效果，发现职业教育院校办学水平差异是影响产教融合深度的主要因素，学校自身条件决定了其对社会需求、企业需求信息的捕捉。Siegel 和 Brodkey 则认为学校能否与实力强劲的企业展开合作将直接影响学校未来的发展，仅以短期利益为合作前提的企业并不能为职业院校带来正面影响。Lindelof 指出政府是促进产教融合的一个重要因素，认为在企业和学校合作过程中需要进行适当的干预，校企双方的行为模式总是偏向于受追求自身利益影响，因此，政府的干预可以保障校企合作过程中双方行为的规范。Harald 认为产教融合发展应该考虑校、政、企三个参与主体的综合影响。在产教融合存在的问题和相应对策建议方面，Terri 和 Tsukamto 调查了企业与职业院校签订人才培养协议的行为动机，发现部分企业对学校专业技能培训存在着不信任问题。基于这一现实，他们建议政府牵头成立指导委员会，作为企业参与学校人才培养的跳板，让企业积极参与到学校教学安排中。Muhammad 和 Fien 研究发现，职业院校实行产教融合的深度不够，尽管学生具备一定的专业技术技能，但并没有深入了解企业生产运行机制，导致企业仍然需要耗费大量的时间进行再教育。与之类似，不少学者基于不同的案例分析了职业院校依据当地产业形势发展优势专业的优势，提出学校专业设置与地方产业保持一致，可以满足教师、学生实践的需要，最终使学校和企业的利益都得到满足。

二、国内产教融合的发展及现状

（一）国内产教融合的发展阶段

中华人民共和国成立以来，我国校企合作、产教融合大致经历了四个发展阶段。

1. 20世纪50—70年代，企业举办职业教育，厂办学校，厂校一体

中国职业教育校企合作可以追溯到20世纪20年代，一些公司已成立培训班来培训技术人员，这是形成半工半读的职业教育校企合作模式的原型。

2. 20世纪80—90年代，行业举办职业教育，校企分离，校办工厂

20世纪90年代中期，职业学校逐渐从企业中分离出来自成体系，形成了以学为主、以工为辅的培养模式。1996年颁布的《中华人民共和国职业教育法》提出："职业教育应当实行产教结合，为本地区经济建设服务，与企业密切联系，培养实用人才和熟练劳动者。"在这一背景之下，职业院校纷纷加强与企业的合作，出现了安排学生实习、设立奖学金、企业捐助设备、为企业提供培训等合作模式，但是大多数情况下，学校在人才培养中都占据主导地位，企业则处于被动配合的状态。

3. 21世纪初，政府举办职业教育，行校分离，产教结合、校企合作、工学结合

2005年全国职业教育工作会议之后，政府加大了对职业教育发展的支持力度，企业对职业教育校企合作的认识和热情也逐步提高，出现了政、校、企三方联动和校企互动合作的局面，引企入校、共建实训基地、订单培养、冠名班等人才培养模式得到推广。伴随着校企互动关系的不断深

入，随着企业全方位、深层次参与到职业教育人才培养的过程中，双方形成了一个利益共同体，校企一体化办学的实践和探索应运而生。

2010年11月，《中等职业教育改革创新行动计划（2010—2012年）》正式印发，"教产合作与校企一体办学推进计划"被纳入2010—2012年中等职业教育改革创新"十大任务"，这一份计划建议要"创新多样化的校企一体办学模式，改革技能型人才培养模式"，"遴选1 000所项目学校和3 000家合作企业开展一体化办学实践"。2013年，中共中央做出了关于全面深化改革若干重大问题的决定，明确了全面深化改革的总体思路和工作方向，要求进一步支持加快研究建立我国现代职业教育管理制度，深化中小企业与高等学校、政府之间的信息交流与服务合作，提高中小企业和农民劳动者自身职业综合素养，培养一批综合技能型的专业人才。

2014年5月，习近平总书记在全国职教会议前夕，做出了重要批示："坚持产教融合、校企合作，坚持工学结合、知行合一。"同年，国务院提出"深化产教融合，鼓励行业和企业开展或者融入职业教育中，发挥公司关键办学主导作用"。2015年，十八届五中全会提出"创建现代职业教育系统，落实产教融合、校企合作"。2016年，党中央明确指出"建立产教融合、校企合作的技术技能人才培养模式"。十九大报告提出，"优化职业教育和培训系统，完善产教融合、校企合作水平"。2017年10月18日，习近平同志在十九大报告中指出，要深化产教融合。产教融合、校企合作是职业教育的立命之本、本质特色，也是职业教育的根本优势。可以说，没有产教融合，就不是职业教育。党的十八大以来，党中央、国务院高度重视职业教育改革发展，出台了《国家职业教育改革实施方案》《职业教育提质培优行动计划（2020—2023年）》等一系列关于职业教育的重要政策文件，促使职业教育的发展步入提质培优、增值赋能的快车道。党的十九大提出了"完善职业教育和培训体系，深化产教融合、校企合作"。2019年是职业教育改革的元年，其中改革的一个核心思想就是从学校单一办学，向政、校、行、企多元办学和融合办学转变。为此国家出台了一系列职业教育改革政策文件，包括：从失业保险基金结余中拿出1 000亿元培训1 500万人次职工；高职扩招100万人，退役军人、农民工、下岗失业人员实行免文化素质考试入学；建设产教融合型试点城市、培育产教融合型企业、评树产教融合型企业家和名师工匠；开展企业新型学徒制，每人每年给予不低于 4 000 元的补贴；试点政、校、行、企联合招生，提高技术人才待遇；等等。2019 年《国家职业教育改革实施方案》，提出"深化产教融合，推动教育系统、人才系统与产业系统、创新系统合理对接，是现在促进人力资源供给侧结构性工作的最终发展导向"。

4. 进入新时期，多元主体办职业教育，产教融合，校企双元

2021 年 4 月，全国职业教育大会召开，习近平总书记对职业教育工作做出重要指示，强调在全面建设社会主义现代化国家新征程中，职业教育前途广阔、大有可为。近日，中共中央办公厅、国务院办公厅印发的《关于推动现代职业教育高质量发展的意见》，体现了国家对职业教育的高度重视，加快职业教育改革发展势在必行。杭州职业技术学院叶鉴铭等人在总结该校教育实践的基础上阐述了"校企共同体"的概念。湖北信息工程学校陈宏等人的"校企一体化合作办学模式探索与研究"研究报告认为，校企一体化合作办学是学校与企业在资源共享、优势互补、责任同担、利益共享的原则下组建产教联合体，在人才培养、职工培训、科技创新与服务等方面进行一体化运作的一种教育模式，当然这个模式的主导者是政府。广西银行学校廖红在《校企一体化办学模式探讨》中指出："校企一体化是指学校和企业两个独立的组织，为提高其竞争力而进行紧密合作的方式，彼此分享所有责任、权利、义务、风险及利益，建立密切合作的关系，双方本身仍是独立之法律主体。"这一整套关键会议和关键文件，反映出我国职业教育已经到了"产教融合"办学的新时期，产教融合已变成党和国家推动职业教育工作、高等教育工作落实，统一落实教育整体改革工作，提高创新类人才和技术技能人才构建的一种关键举措和体制设计。

（二）国内产教融合的研究现状

从研究文献发表数量的变化趋势可以看出，2013 年和 2017 年是产教融合研究变化的两个关键节点。这主要是因为，2013 年我国首次明确用"产教融合"替代之前的"产学结合"，产教融合也正式进入我国职业教育的语言体系中，因此，2013 年之后有关产教融合的研究迅速成为我国学者们的研究热点。而 2017 年我国发布了《国务院办公厅关于深化产教融合

的若干意见》（国办发〔2017〕95号）文件，文件提出用10年时间完成应用型人才的供给侧改革，实现人才供给与产业需求的统一。

王丹中对教育界有关产教融合的近似表述作了梳理和比较，这些表述包括产学合作、产教结合、产学研结合等，他认为表述上的变化体现了研究者对产教融合认知上的与时俱进，同时也说明了产教融合理论的研究不够成熟。罗汝珍认为，职业教育产教融合的特征有：以需求为导向、多主体共同管理、多复合功能和发展产业化等。陈年友等认为产教融合是职业院校以提高其人才培养质量为目的，与行业企业共同开展的一种深度合作，内容包括：适应产业的专业对接，课程建设符合职业标准，能够满足社会进行人才挑选的需求。

孔宝根从育人方式和育人内容两个层面解释产教融合中的融合概念，认为融合是指产业与职业教育的融合、生产过程与教学方式的融合。

管丹认为产教融合的概念应结合具体应用环境进行理解。"产"既可宽泛地指地区性的产业，也可代指某一具体的合作项目；"教"既涵盖了人才培育的教学手段，也包含了学校、教育机构等主体单位。而随着产教融合不断实践，对其概念的研究开始向具体的实践模式倾斜，如孙煜娴等指出产教融合的内涵随着不断实践而变得愈加丰富，产教融合包括技术共同研发模式、实体研究机构的共建共管、合作办学等，推行职业教育产教融合依赖于多方主体的有效协同，对于一个尚在实践发展中的概念和职业教育发展模式，厘定各参与主体的角色定位、职责和利益诉求是深化产教融合发展的前提，也是理解分析各主体行为逻辑的基础。

龙德毅依据政校行企四方参与主体原有的社会功能，阐述了政府、行业协会、企业和学校在产教融合中的定位与职责。他认为：行业应基于自身对产业现有技术状况、未来发展的规划的了解，帮助职业院校建立人才培养、专业设置、课程体系开发的实施标准；企业应在保证利益最大化的前提下寻找与学校合作的最佳模式；学校应加强内部管理，以需求为导向不断提高人才产出质量；而政府应该做好监督工作，保障现有标准、政策等顺利实施。

杨善江基于"三重螺旋"理论指出校、政、企三方的交互关系为紧密交织的螺旋关系，三方主体间的关系围绕产教融合的发展呈螺旋上升发展趋势。马宏斌则以河南省高等职业教育的实践研究为基础，结合"三重螺旋"理论，提出"政府通过政策宏观指导、推动和监督，职业教育学校按企业对人才的需求进行教学调整，企业主动寻求与学校的合作"的职业教育发展模型。

赵本刚等人认为产教融合的模式会伴随产业发展升级不断呈现新的形态，企业与学校融合深度总体上是在不断推进的，表现为在不同模式不同形态之间实现整合，同时要满足实际的创新需求。孙煜认为产教融合中单一的校企合作模式难以满足不同企业对应用型人才的需求，提出产教融合取得突破需要在质与量两方面能有效提升，需要将体现学校核心价值的各个职能充分挖掘，在合作过程中，最好能在学校各核心职能要素之间实现链接，效益并行，与行业、企业实现多元的链接、协同与贯通。唐伟等认为：在产教融合的过程中，需要针对人才培养模式进行整体的规划合作，学校和企业双方主体共同合作与发展，谋求共同的利益；职业院校、企业双方属于不同社会领域，职业教育行为与企业生产行为目的和动机存在差异，基于此，企校双方共赢是深化合作的技术保障。金鋆从产教融合历史发展情况和对现实的需求两个方面，分析了产教融合对职业教育的影响，并提出建立合适的职业教育培养模式，从教育根本目的出发，通过和政府、企业的协调合作，提升教育模式的实践效果。

汤飚等在分析校企合作模式化时，选择安徽商贸职业技术学院作为研究对象，对"三层次双元"教育模式进行阐述，提出学校与企业共同设计学科专业，落实人才培育计划，双方共同作为人才培养与吸纳主体，各自有明确的教育责任和义务，通过对该模式的探究为产教融合模式的深入落实提供参照。胡木林等在对职业教育人才培养机制展开研究时，以"中国制造 2025"作为研究背景，认为产教融合实现途径包含了教学、技能技术、培养素质、项目研发、合作管理和社会服务等，在产教融合模式推进过程中，需要保证多主体共同获利，实现多赢局面。谢笑珍认为产教融合实现的关键是寻找到参与各方的诉求耦合点和逻辑平衡点，并给出融合的具体方法，即遵循相互支撑、互相赋能的理论，让各主体在协同过程中都能获利，进而让职业教育与产业系统的自身发展受到促进作用。

三、产教融合校企合作的模式与机制

产教融合是产业与教育的深度合作，有利于提高教师的业务水平，能够推动地区经济的跨越式增长，能够推动职业教育的和谐成长，能够促进学生创造力、创新力的落实；同时给学生共读融合、勤工俭学带来更好的环境，也为企业配置生产经营的人才。近年来，在市委、市政府的正确领导和各部门的大力支持下，鄂东职业教育集团紧紧围绕中心，服务大局，坚持以育人为根本，大力培养学生工匠精神，坚持产教融合，主动对接黄石九大产业，不断提升办学质量和经济贡献度，为促进打造先进制造之城，促进黄石高质量发展提供了重要人才支撑和智力支持。职业院校和企业之间基于互利原则构建的体制和责权利相对一致的制度进行合作。职业院校主动为区域经济的发展提供科技、人才的服务；企业积极参与中职院校办学并提供相应的实训基地；政府对校企合作进行推动和引导；校企双方统一融入地区经济成长必需的科技开发、创新和人才构建之中，共同克服合作的瓶颈，采取一种校企深入协调的全新办学手段。校企之间采用合理的合作模式以及共建机制是促进校企协同型人才培养以及更好地促进产教融合的重要环节。

（一）合作模式

1. 委托式培养

这种模式基于"政府的推动，学校和企业的互动"，在双方就合作达成共识后，学校和企业签订合同。公司为学生提供职业培训、技能或认证。学校可以为企业制订职业教育计划，提高员工的技术能力、管理能力。公司总经理、中层管理人员和一线技术人员到学校参与相关管理和教学工作，提供企业文化、企业意识和专业技能方面的培训。它是一种双向互动、资源分享和交替训练的模式。这不仅充分地满足了职业院校一线专家和教师们参加企业的实践性培训课程的需要，也充分弥补了企业员工在实践过程中对于理论知识的缺失，实现了双方的共同发展和进步。

2. 订单式培养

这种模式主要是由公司根据其所需的专业和人员数量等情况，由学校根据公司的"顺序"来计划入学。由于这种人员培训管理模式具有相关性，学校和公司必须统一创设方案来完善人才培养工作，签署就业协议，共同负责招生、培训、就业。在学习期间，学生必须先在学校和公司进行理论学习与实践，毕业后直接到公司工作。这种培训模式的主要特点是结合了生产、学习和职业技能教育，减少了所需的精力和时间，学生们按照相应的专业和岗位进行学习与培训，毕业后，节省了劳动力的培训费用和企业再投资成本。这种对人才的培训，是学校与企业之间"零距离"、学生与职场之间"零过渡"。

3. "冠名班"式培养

这种模式是一种更深层的"秩序型"培训模式。这是由企业资助的人才培养计划，企业与学校共同确定专业、开展教学、选定学生、决定去向。公司深刻地了解并深度掌握学校的教育管理，企业家和公司的高管们都可以担任班主任，公司一线专家可以在这里做好教学工作，确保学校的教育和公司的教育都能按照公司要求进行。学生们因为自己已经进入"冠名班"，会保持一种职业归属感，所以他们能够有意识地去培养自己的职业道德，带着更多的目标和热情去学习。这种教育培训方法扩大了在校学生的就业途径和渠道，提高了其就业的质量，降低了在校培训费用；对于企业来说，极大地降低了人力资源和培训的成本，满足了其用人要求。

4. 工学交替

这种模式把职业院校所要求的专业和企业发展的需要相结合。学生要在学校里学习基础理论，在公司学习实践技能，这两种学习方式之间是互相交替的，使学生们能够更好、更清晰地将自己所学的理论知识运用到自己所在的技术岗位上，使他们的知识和技能更加符合企业的需求。这种方式被认为是"双主体"，学校和企业两个组成部分一起参与到课程的教学活动中。这种方式可以让学生在工作之前提早熟悉企业的文化及其管理手段，并且可以借助于企业的优秀设施、装备，掌握较为过硬的知识和技能，同时也有利于企业减少和缩短人才培养的周期。这是一种"校企合作"成功后快速发展的模式，适用于一些理论和技术水平要求较高、实训周期相对较长的院校。

5. 顶岗实习

这种模式以职业院校为中心，向学生传授关键的职业知识和职业培训，然后组织学生参与公司的运营实践。学校可以充分利用企业的优质设备资源，建立稳定的校外培训基础，弥补学校培训教学的不足，加强培训教学。由于投入生产实践，学生可以马上掌握较好的操作技术，可以将理论融入实际操作中，实习结束时，就很容易走上工作岗位，实现了职业院校专业教育和学生就业"零距离"。

（二）共建机制

1. 不断健全"校企"共建机制

在这种机制中，企业的任务是给人才培养服务带来发展的条件，给人才培养成果的转化带来更好的模式；学校的任务是根据制度和市场的需要，致力于人才的培养，提供系统的教育服务。与此同时，职业院校要为学生生产实习和毕业实习提供实践教学，但由于场地条件限制，以及社会资本和现代工业机械设备和技术在我国迅猛发展，已经无法通过在校园里建造一个完整的制造工艺流程和生产基地来满足各种特色的教学和实践。因此，采用这样的模式，对接产业和企业打造学生校外实践教学基地，是进一步实现职业院校校外课程教学资源的规模化、提高实践课程教学基地的稳定性和可靠程度的一个重要手段。

2. 不断完善"产教"融合机制

实践性教学的发展过程本身就是一个学校与企业、教学与师生学习、知识与实际行动等密切相关的人际互动教学过程，其主要教学目标之一就是努力促进在校学生"从实践中学习"。在大力培养高技术素质的应用型专业人才培养方面，职业院校要鼓励学生"尽力而为"。如何解决实际问题？培训适合专业的技能和态度，要始终把改善职业适应能力作为核心。因此在教育改革实践中，学校应重视教育和生产的融合，以解决人才培养和产业需求，进一步推动教育思想、教育实际工作和教育体制的完善。

3. 不断夯实"校企"育人机制

当下，在各种多样化的教学实际工作中，职业院校在很大程度上不再是一味地喜欢基地的建设，组织松散碎片化的教学。特别是在没有交流性的整体实际教学中，学校与企业之间这种情况导致学生总是被动接受实践任务，甚至是在学生的参与下，以"养羊"的形式面对实践过程。学生实践的主动性削弱，积极性不高，内生动力严重缺乏，实践课堂的教学目标未能得到有效实施，学生的培训质量也没有得到有效保障。因此，要想更好地完成这些综合素质的课堂教学体系建构，必须从加强实践课堂教学有效性的角度入手，充分发挥校企双方在人才培养过程中的"双主体"作用，切实促进校企协同型人才的培养。

四、湖北工程职业学院校企合作模式——产教融合：树立"三个意识"

（一）提出"三个意识"

湖北工程职业学院坚持跳出职教办职教，把职业教育作为市场要素来谋划。树立跨界意识，推进产教融合；树立开门办学意识，推进校企合作；树立平台意识，坚持政、校、行、企整合资源，建设产业学院。湖北工程职业学院把学校办进产业园，把专业建进产业链，把课堂搬进车间，让学校像工厂、课堂像车间、教师像师傅、学生像学徒，实现产教联动发展。这种模式被全国职业高等院校校长联席会评为2020年度全国高等职业教育改革发展优秀案例，并在教育部中国职业技术教育2020年学术年会上作典型交流。

1. 树立跨界意识，坚持产教融合，推进"四链融合"

坚持围绕产业链调整专业链、围绕专业链建设课程链、围绕课程链培育人才链，对接产业地图，优化专业布局，对机械、模具、电子信息等18个传统专业进行数字化、智能化升级改造，新建飞机机电设备维修、跨境电商、现代物流、仿古建筑等新工科专业8个，升级改造传统专业14个，建成了国家重点建设专业11个、国家"1+X证书"试点专业19个、省级特色（品牌）专业13个，为黄石产业企业培养技术技能人才，构建产业、行业、企业、职业、就业"五业"联动发展新机制，推动职业教育全面融入黄石经济社会发展大局。

2. 树立开门办学意识，坚持校企合作，开设订单班

坚持引企入校、引校入企，推动学校"千名教师进千企"，引进陈友斌、周红祥、孙文明等15名行业领军人才进学校，建设博士工作室、技能大师工作室；对接长三角，与华为、特斯拉、吉利汽车等龙头企业合作，开设订单班、冠名班、校企双元，联合培养定制式技术技能人才；真正实现把学校嵌入产业园，把专业嵌入产业链，把课堂嵌入车间，让学校像工厂、课堂像车间、教师像师傅、学生像学徒，产教联动发展，形成校企命运共同体。

3. 树立平台意识，坚持政校行企整合资源，建设产业学院

2019年，与上达电子公司合作，承担全省首批政校行企联合办学试点，实现了招工即招生、入学即入企，被中央电视台新闻联播点赞报道。按照这一模式，与黄石4个城区政府实现了战略合作全覆盖，与大冶有色、新冶钢、东贝等大型企业，共建了11个产业学院。

（二）基于"三个意识"，产教融合服务地方发展的现实路径

1. 推行二级学院管理，精准服务黄石产业发展

实施以二级学院管理为核心的机构改革，通过简政放权，做强二级学院，实现"六个一"功能：一是每个二级学院精心打造一至两个核心专业群，培育一个发展专业群；二是每一个专业群对接黄石一个产业、对接一批行业内的龙头企业；三是每个专业群聘请一批行业内领军人物作为专兼职教授，创办工作室，培育一个教学团队；四是与对应的市直部门对接，联合相关行业、企业组建一个产教联盟或行业协会；五是每一个专业群成立一个行业技术应用研究机构；六是联合一批企业实施政、校、行、企联合培养，开展企业员工学历和技能双提升计划。二级学院"六个一"改革，实现了管理精细化、校企对接精准化和人才培养优质化。

2. 优化专业布局，着力解决企业用工荒与学生就业难的结构性矛盾

黄石产业升级需要黄石人才升级的强力支撑。集团主动对接黄石产业转型升级，调整和优化专业布局，提升人才培养精准度。一是积极应对黄石制造业结构调整和"两化"转型，对模具、机加工、计算机等传统专业

进行智能化升级改造，开设了工业机器人、3D 打印、激光、大数据等 14 个新型工科专业。二是坚持错位发展，把三个学校相同、相近专业整合到同一个二级学院，避免重复建设和无序竞争。三是精准对接黄石九大产业，淘汰与产业"关联度不高、对接不紧密"的专业，集中资源办好一批有核心竞争力、有黄石产业特色、黄石急需紧缺的优势专业群。其中，大数据和模具专业被认定为国家骨干专业，汽车专业群获批全国第一批"1 + X 证书"制度试点专业，汽车检测与维修实训基地被认定为国家级生产性实训基地。高质量专业成就了高质量就业。据第三方测评机构麦可思统计数据，集团高职学生毕业三年后的平均月收入为 6 752 元，比全国高职院校平均水平高 1 000 余元。

3. 聚焦用工难、稳工难，千方百计做大人才供给链

针对黄石用工难题，集团围绕中心，服务大局，主动作为，多措并举，全面发力。

第一是顶岗实习应急。在生产旺季，调整教学计划，为黄石企业输送实训实习学生 2 500 人次，极大缓解了企业用工急的问题。

第二是联合培养稳定员工。针对电子信息产业用工缺口，2019 年湖北工程职业学院扩大上达电子学院的招生规模，为上达公司开展订单式培养、定点式输送毕业生。同时，湖北工程职业学院还积极申报政校行企联合招生资格，成为全省首批 15 所试点学校之一，在上达公司招录了 100 名具有高中毕业证的员工，开展新型学徒制培养，学员既是企业员工，又是学校学生，边工作，边学习，学历和技能双提升。湖北工程职业学院还充分利用国家"高职扩招 100 万"的政策红利，面向未就业初高中毕业生、退役军人、农民工和失业人员等群体，再进行两次补录，扩招 400 人，这些学生免试入学，入校即入厂，学校招生即招工，助力解决黄石产业招工难、稳工难的问题。

第三是大规模开展技能提升培训。按照省政府职业技能提升行动要求，到 2021 年年底，全省技能劳动者占就业人员总量的比例达到 26% 以上，高技能人才占技能劳动者总量的比例达到 31% 以上。集团充分发挥职业院校基础作用，为企业员工开展技能提升培训，为黄石企业技术改造和转型升级，解决了"技工荒"的问题。

第四是省市共建。2015年省教育厅将湖北省机械工业学校行政管理权移交至黄石市政府，并与市政府签署了共建湖北工程职业学院协议。2019年以来，围绕做好省市共建这篇大文章，湖北工程职业学院多次到省教育厅沟通联系，报送了政策支持清单：一是恳请教育厅将新校区建设列入省属高校基本建设项目，争取在省财政每年安排的20亿元地方债券中，列支专项给予支持，为新校区筹措建设资金。二是争取省教育厅和省发改委的政策支持与指导，将黄石市打造成为湖北省首批产教融合型试点城市，为地方职教改革探索新路径。三是请求省教育厅在专业申报、专本衔接、国际交流、校企深度合作等方面给予特别支持，为集团改革破解制度困境提供政策保障。

（三）基于产教融合的探索和实践

《国家职业教育改革实施方案》提出，要深化产教融合、校企合作，推动职业院校与行业企业形成命运共同体。如何构建职业教育命运共同体？围绕花湖机场和临空经济区，湖北工程职业学院作了一些探索和实践。

1. 提前谋划，开设航空专业

湖北工程职业学院依托机械工业建校，以机械加工和锻压两个专业起步，经过近60年的发展，形成鲜明的工科专业特色。近年来，湖北工程职业学院坚持围绕产业链调整专业链、围绕专业链建设课程链、围绕课程链培育人才链，对接黄石产业地图，对专业进行战略性的布局调整。对接顺丰机场，湖北工程职业学院先后开设了飞机机电设备维修、民航安全检查、跨境电商、智能物流等专业，在校生规模不断扩大。对接黄石临空经济区的智能装备制造、电子信息、生命健康、新材料、跨境电商等重点产业，湖北工程职业学院一方面对机械、模具等18个传统专业进行数字化、智能化升级改造；另一方面，湖北工程职业学院集中资源，大力发展大数据、机器人、物联网、跨境电商、智能控制等新工科专业群，重新调整设立了工业互联网、智能制造、交通物流、电子信息、商贸管理等8个二级学院。实践证明，这个思路是正确的。近几年湖北工程职业学院国家级、省级的品牌专业、技能大赛和教学成果基本都是出自这几个专业。

2. 提前布局，建设航空产业学院

构建职业教育命运共同体，产业学院是重大突破口。通过鄂东职业教育集团这个有利平台，把政府、行业、企业、学校各方面的资源整合起来，四方共同投入，共同建设产业学院，形成命运共同体。围绕黄石临空经济布局，目前湖北工程职业学院组建的产业学院有智能制造产业学院、跨境电商产业学院、电子信息产业学院、港口物流产业学院、环亚健康产业学院、新媒体产业学院等。

2020年12月25日，湖北工程职业学院与黄石港区政府签订战略合作协议，对接花湖机场，共建鄂东航空产业学院，重点培养对接临空经济区的临空商务、智能制造、智能物流等高新产业的高技能人才。航空产业学院怎么建？建什么？湖北工程职业学院的主要措施是"六个一"。

（1）打造一至两个核心专业群。

（2）对接黄石一个产业、对接一批龙头企业。

（3）聘请一批行业内领军人物，创办大师工作室，培育一个教学团队。

（4）组建一个产教联盟或行业协会。

（5）成立一个产业技术研究机构。

（6）联合一批企业实施政、校、行、企合作办学，开展企业员工学历和技能双提升行动。

"六个一"建产业学院，把职业教育和政府、行业、企业资源整合起来，实现了管理精细化、校企对接精准化和人才培养优质化，有力地支撑了临空经济发展。

3. 搭建平台，建设校企合作产教联盟

对接黄石临空经济区，湖北工程职业学院与区内行业企业合作，成立由湖北工程职业学院牵头，由临空大中型企业以及相关主管部门、职业院校、科研机构组成的黄石临空经济产教融合发展联盟。通过联盟这个平台，把园区政府的政策、航空行业的标准、临空企业的需求和职业院校的人才等各方资源整合在一起，发挥各自领域的资源优势，共同推进专业建设、校企合作，以及协同育人。

比如，黄石港区总工会给予相关政策和财力支持，由湖北工程职业学院与园区企业合作，每年开展两期班组长培训；黄石港区人社局牵头制定并落实技能人才培训政策，与企业合作开设"新型学徒班""专项技能提升班""订单班"，开展政校行企联合招生，联合培养，实行旺产淡学的弹性学制，实现了招工即招生、入校即入企。

湖北工程职业学院还牵头成立了临空产业技术研究院，联合企业全面开展"产、学、研、转"一体化合作，围绕园区物流服务、临空产业、智能制造、机械电子、生物医药等产业发展方向，开展技术创新和成果转化应用，全面提升人才培养质量，提高学校技术创新和社会服务水平。

实践证明，组建产教联盟，政府支持、企业积极、学校成长，多方受益，效果很好。学校坚持以职兴城，服务临空经济，建设现代产业学院的办学模式得到社会各界的认可。2021年5月27—29日全国第九届职业教育与城市发展高层对话会在黄石召开。本次对话会由鄂东职业教育集团湖北工程职业学院承办，全国人大常委会副委员长郝明金、人社部副部长汤涛等领导，全国25个省区市地方政府、职教社、职业院校、行业企业400余名代表出席会议，这是对黄石职业教育的高度肯定，也对湖北工程职业学院进一步深入探索产教融合新路径、新模式给予了极大鼓舞。坚持开门办学，创新产教融合也是服务地方经济发展的现实路径。

坚持对接产业办专业、联合企业办学院，对集团院校现有教学专业和机构设置进行调整，对接黄石九大主导产业，建设9个二级学院：智能装备制造学院、电子信息学院、工业互联网学院、交通物流学院、建筑与环境艺术学院、经贸学院、教育学院、服装学院、医卫学院。

坚持"校内""校外"两个校区办学和学校、企业两个主体育人的思路，打破校园的"围墙"和界限，把学校办进产业园，把专业建到产业链，把课堂搬进车间，让学校看起来像工厂，工厂看起来像学校，真正实现产教深度融合，探索出一批具有典型意义和可复制可推广价值的产教融合新模式新路径，培育一批"双师型"教学创新团队，建设一批具有辐射引领作用的高水平专业化产教融合型实训基地，积累形成一批国家级教育教学成果，最终实现两个阶段的办学目标：3年建成1~2个"双高"专业群,达到全省高职一流水平;5年争取入选"双高计划"院校建设名单,达到全国高职和技师学院一流水平。

(四) 基于产教融合的重要项目建设

1. 建设国家产教融合实训基地

对接新港工业园区、航空都市区、跨境电商产业园等重大产业项目,实施政校行企联合建设产业学院和生产性实习实训基地,申报国家发改委"教育现代化推进工程"重点支持项目——国家产教融合实训基地,争取中央预算内投资项目资金8 000万元。

2. 湖北省首批产教融合型城市创建项目

2019年,首批20个产教融合型试点城市已产生,武汉和襄阳入列。第二批试点启动。黄石建设产教融合型城市有产业基础、人才基础和教育基础,湖北工程职业学院积极成立市级专班,争取省发改委、省财政厅支持,将黄石市列为产教融合省级试点,争创第二批国家产教融合型城市。

(五) 为切实推进产教深度融合发出倡议

1. 成立黄石职业教育领导小组

对照国家职业教育工作部际联席会议制度,建立由教育、人力资源社会保障、发展改革、工业经济和信息化、财政、农业农村、国有资产监督管理、税务等有关行政部门、行业主管部门和行业组织组成的黄石职业教育领导小组,定期召开联席会议,及时研究解决黄石职业教育和企业用工中的有关问题。领导小组由市政府分管领导任组长,办公室设在职教集团。

2. 建立黄石产教联盟

优化整合黄石职业教育资源,建立由鄂东职业教育集团牵头,由黄石主要行业、大中型企业以及相关部门、职业院校组成的黄石产教联盟。产教联盟下设若干个专业指导委员会,共商和推进校企合作、产教融合以及协同育人事宜。

3. 设立产教融合专项基金

采取政府投入、企业支持、社会捐助等方式筹集，设立产教融合专项基金，用于产教融合实训基地建设、专职兼职教师培养培训、教学资源建设等校企合作活动。

4. 培育产教融合型企业

按照国家发展改革委、教育部《建设产教融合型企业实施办法（试行）》要求，通过"金融＋财政＋土地＋信用"的组合式激励方式，从紧密服务黄石重大战略、技术技能人才需求旺盛、主动加大人力资本投资、发展潜力大、履行社会责任贡献突出的企业中，选树、培育和建设一批产教融合型企业，评选、表彰一批教育型企业家、优秀企业导师、名师工匠等先进典型。

第四章 职业教育转型:"三个转变"

职业教育是国民教育体系和人力资源开发的重要组成部分,肩负着培养多样化人才、传承技术技能、促进就业创业的重要职责。中共中央办公厅、国务院办公厅在《关于推动现代职业教育高质量发展的意见》中,明确提出要贯彻落实全国职业教育大会精神,推动现代职业教育高质量发展。

如何实现职业教育高质量发展?职业教育作为一种类型教育,注定了它不同于普通教育的育人方式、办学模式和管理体制。推进职业教育高质量发展,必须强化职业教育类型特色,增强职业教育适应性,加快构建现代职业教育体系。

湖北工程职业学院认真贯彻落实党的教育方针,抢抓国家大力发展现代职业教育的重大机遇,以增强职业教育适应性为引领,以"三个转变"为突破口,探索职业教育类型发展的新思路,构建政校行企多元办学,产教校企深度融合的新路径,构建职业教育新生态,取得了较好示范效应。

一、"三个转变"内涵

职业教育是指让受教育者得到某种职业或生产劳动所需要的职业知识、技术和职业道德的教育。如对职工的就业前培训、对下岗职工的再就业培训等各种职业培训以及各种职业高中、中专、技校等职业学校教育等都属于职业教育。职业教育的目的是培养应用人才和具备必需文化成绩和专业知识技术的劳动者,与普通教育和成人教育相比,职业教育侧重于实际技术和实际工作实力的培养。

近年来,职业教育迎来"黄金时期"。从编制《现代职业教育体系建设规划（2014—2020 年）》，到"完善职业教育和培训体系，深化产教融合、校企合作"写入党的十九大报告，再到国务院出台《国家职业教育改革实施方案》，大力发展职业教育成为普遍共识与行动，为新形势下推进职业教育改革打下了坚实基础。

产业结构转型升级、制造业向中高端迈进、5G 等新一代技术引领科技革命，要求职业教育必须与时俱进。职业教育要想真正与社会发展接轨、与市场需求结合，必须通过改革，加速补齐短板，把提高培养质量放在重中之重。职业教育是国民教育体系和人力资源开发的重要组成，也是通往成功成才大门的重要途径。2019 年国务院出台的《国家职业教育改革实施方案》，提出了深化职业教育改革的路线图、时间表、任务书，明确了今后 5 年的工作重点，引起社会各界的广泛关注。

职业教育转型需要认真思考两个基本问题：一是专业对应的产业前沿在哪里？毫无疑问，产业的前沿就在市场，在一些先进的大型企业。解决这个问题的根本之策就在于深化产教融合、校企合作，让师生在工学结合中了解产业发展的前沿知识和技术。对专业教师而言，就要真正到产业一线去工作和学习，从而确保能实时了解产业发展的前沿。二是市场需要什么样的专业人才？了解产业前沿只是一个方面，另一方面还必须深入了解市场需要什么样的人才。这就需要广泛地开展市场调研，在制定人才培养方案时进行广泛的论证，确保人才培养的知识结构、技术水平等符合市场的需要，而不是专业教师在家闭门造车、敷衍了事。因此，职业教育的主要功能是服务地方经济发展，为地方经济发展培养高素质的技术技能人才。

职业教育直接服务地方经济的发展，因此，企业教育应密切关注地方经济结构及支柱产业的发展趋势，及时了解产业结构调整和转型升级的方向，认真研究产业链变化带来的人才链的变化以及人才链的变化引起的教育链的变化，实时进行教育教学改革，以应对产业结构的转型升级。

湖北工程职业学院积极推进职业教育转型，依据《国家职业教育改革实施方案》，并根据鄂东职业教育集团和黄石市经济发展实际，确立了职业教育转型的"三个转变"内涵，即教师教学由注重教向产教融合转变，学生实训由教学性实训向生产性实训转变，二级学院由教学主体向办学主体转变，实现了办学吸引力、影响力和贡献力提升。

二、职业教育转型的必要性

发展现代职业教育，必须坚持问题导向、需求导向，坚持深化改革。要利用好职业教育发展的良好契机，全面了解影响和制约职业教育发展的突出问题和薄弱环节，深入分析原因，着力推动问题解决，认真研究探索职业教育发展规律，不断提升职业教育现代化水平。要推动现代职业教育与经济社会发展有机融合、无缝对接，结合本地经济特点，培育特有的优势专业，高度重视实践和实训环节教学，加快生产、服务一线急需的技能型人才的培养，特别是现代制造业、现代服务业紧缺的高素质高技能专门人才的培养。要通过提升职业教育的针对性和应用性，提高职业教育社会影响力和吸引力，引导全社会确立尊重劳动、尊重知识、尊重技术、尊重创新的观念，促进形成"崇尚一技之长、不唯学历凭能力"的社会氛围。

《国家职业教育改革实施方案》明确指出，职业教育与普通教育是两种不同的教育类型，具有同等重要地位。《关于推动现代职业教育高质量发展的意见》也明确提出，坚持立德树人，优化类型定位，到 2025 年，职业教育类型特色更加鲜明，并把"强化职业教育类型特色"作为推动职业教育高质量发展的第一项任务和首要举措进行全面部署和安排。类型教育是对职业教育的基本定位，也是职业教育的基本特色。但是，在发展职业教育时仍然会存在几个方面的误区。

（一）职业教育普通化

职业院校教学与管理方式上仍主要沿用传统的普通教育方式，"教"与"产"脱节，教学内容不能突出市场导向，教学标准不能对接职业标准，培养的学生不能适应岗位需求，职业教育作为类型教育的特色得不到明显体现。

（二）教学管理集中化

教育教学管理权限主要集中在学校层面，职业院校的二级学院缺乏办学自主权。特别是在人事评聘、绩效评价与分配、经费使用等方面，二级学院被困住手脚，限制了办学活力。在学生培养过程中，二级学院只管中间的教学和学生管理环节，而对招生、就业和产教融合、社会服务等环节不负主体责任，导致了二级学院"封闭办学"。

（三） 育人方式单一化

我国传统育人方式更多的是单向传输，教师是知识的权威，教师在教学过程中占据主导地位，学生更多的是服从和被动接受教育，所以在育人方式上更多的是灌输式、填鸭式，并且重理论轻实践、重共性轻个性等，这对于职业教育以学生为中心、强调学生实践的要求不相符合。

（四） 校企合作松散化

产教融合、校企合作是职业教育的基本办学模式，是办好职业教育的关键所在。近年来，各地各职业院校均在积极探索产教融合、校企合作新模式和新路径，取得了巨大成效，但是一些深层次问题仍未解决，具体表现为：产教融合利益相关方关系松散，政、行、企主动性不足；产教融合联结方式薄弱，利益共享共赢的联结点不明；产教双向融合的深度不够，机制不完善，合作形式单一等。"产"与"教"产生两张皮现象。

三、职业教育转型的三个维度

职业教育作为与经济社会联系最紧密的教育类型，增强适应性是办好职业教育绕不开的重大课题，也是各职业院校需要认真回答的"必答卷"。如何增强职业教育适应性？增强职业教育适应性必须立足三个维度。

（一） 适应国家战略需要

职业教育是培养高素质技术技能人才、能工巧匠、大国工匠的基础性工程，是促进经济社会发展和提高国家竞争力的重要支撑。"为党育人、为国育才，培养担当民族复兴大任的时代新人"是职业教育的使命担当。职业院校必须扎根中国大地，适应党中央和国家重大战略需要，坚持为人民服务、为中国共产党治国理政服务、为巩固和发展中国特色社会主义制度服务、为改革开放和社会主义现代化建设服务，围绕中心、服务大局，为实现第二个百年目标做出应有的贡献。

（二） 适应人的成长规律

教育本质上是做人的工作，必须聚焦人的成长成才，遵循人的成长规律。中国共产党坚持以人民为中心的执政理念，坚持以人民为中心，是办好人民满意教育的根本路径。办人民满意的教育，必须坚持以学生为中心，关注学生的安全、健康、成人、成才，体现学生对教育的期盼，适应学生对教育的需求。必须客观、理性地认知和分析职业院校学生的个性特征和心理特质，办学生需要、学生喜欢、学生期盼的职业教育。体现在办学行为中，就是要让学生学习好、生活好、就业好。

（三） 适应市场和产业需求

"以促进就业和适应产业发展需求为导向"，这是职业教育区别于普通教育的根本特征和立命之本。做强职业教育类型特色，必须做好产教融合这篇大文章，必须立足产业、融入产业、服务产业。要围绕产业链调整专业链，围绕专业链建设课程链，围绕课程链培养人才链，通过"四链融合"，实现教育与产业的螺旋式牵引，来支撑和引领产业与教育的双循环、双提升。当然，职业教育适应性不是被动的适应，而是主动适应，能动作为，在适应中实现引领发展。

四、职业教育转型的具体做法

当前，科技革命席卷全球，产业转型加速推进。产业转型，必然需要职业教育转型，职业教育处在改革的新风口。优化职业教育类型定位，深化产教融合、校企合作，深入推进育人方式、办学模式、管理体制、保障机制改革，这是推动职业教育转型，构建中国特色职业教育体系的根本方向。

黄石，是中国钢铁工业摇篮，具有3 000年冶炼史和100多年的职业教育发展史。近年来，黄石工业经济逆市上扬，重塑光彩，地区生产总值增速和规模以上工业增加值均名列全省前茅，是全国产业转型升级示范区。产业转型发展对高素质技术技能人才的需求前所未有，黄石市委、市政府把职业教育作为工业转型的战略工程，举全市之力发展职业教育。作为黄石职业教育的中流砥柱,湖北工程职业学院围绕中心、服务大局,坚持立足黄石、融入黄石、服务黄石,深入推动职业教育转型,服务黄石产业转型和城市发展。

(一) 推动教学方式由注重教向产教结合转变

《国家职业教育改革实施方案》明确提出:要"多措并举打造'双师型'教师队伍","实施职业院校教师素质提高计划,落实教师5年一周期的全员轮训制度"。国家政策导向非常明确,职业教育不重学历、重经历。这是新时代职业教育对我们教师的新要求。职业院校教师区别于普通院校教师的最大优势和核心竞争力就是"双师"能力。湖北工程职业学院聚焦教师教学能力、科研能力和社会服务能力"三个能力"建设,大力实施"千名教师进千企"行动,引导所有专业课教师进企业、进车间,及时了解企业新技术、新工艺、新材料、新模式、新需求,在服务企业生产和技术改造的同时,把企业的生动的实践经验带回课堂,丰富教学内容,改进教学方式,深受学生欢迎。

(二) 推动学习方式由教学性实训向生产性实训转变

教学性实训对提升学生动手实践能力固然有积极意义,但是教学性实训存在致命的弊端,一是实习实训设备和内容落后于技术变革和企业生产实际,很多学校的实习实训设备都是企业淘汰的产品;二是学校的教学性实训更多是认知实训、模拟实训或者单一技能的训练,与企业的实际生产过程"隔着一层纱";三是学校需要投入大量资金采购实训设备。而生产性实训是利用企业真实生产场景,进行真刀实枪的训练,更贴近生产一线,更符合企业用人需求。湖北工程职业学院城区政府与地区行业龙头企业合作,大力建设生产性实训基地,广泛开展生产性的顶岗实习,让学生既是学员,又是学徒,还是企业准员工,真刀实枪、身临其境,学中做、做中学,在生产一线学会真正的本领,提升技术技能和职业素养。

(三) 推进二级学院管理方式由教学主体向办学主体转变

扩大二级学院办学自主权,是学校做大做强的必然趋势和要求。近几年,湖北工程职业学院在校生规模实现翻番式发展,传统的教学管理方式已经不能适应快速发展的需要。因此，学校坚持简政放权和权责对应原则，推进管理重心下移，扩大二级学院在职权范围的办学自主权。以前，二级学院只管中间，不管两头；只管教学，不管招生、就业和产业。现在，学生从进校门到出校门，责任的主体都在二级学院；二级学院不仅要管教育教学，而且要管招生、管就业、管产业。每个二级学院还选配了一名产业副院长，专门负责校企合作、产教融合工作。这样，大大激发了二级学院的办学活力。

五、职业教育转型助推黄石高质量发展

近年来，在市委、市政府的正确领导和各部门的大力支持下，鄂东职业教育集团紧紧围绕中心，服务大局，坚持以育人为根本，大力培养学生工匠精神，坚持产教融合，主动对接黄石九大产业，不断提升办学质量和经济贡献度，为促进打造先进制造之城，促进黄石高质量发展提供了重要人才支撑和智力支持。鄂东职业教育集团的主要做法有以下几点。

（一）引领发展，筑牢育人根基

坚持以政治建设为引领，坚持立德树人，集团及院校各项事业进位提质，办学实力逐步提升，学校平稳安全发展。近年来，湖北工程职业学院高职人数创历史新高，湖北城市职校和黄石艺校招生人数翻了一番，集团生源净增3 000余人，在校生总数达1.4万人。

（二）特色发展，深化供给侧改革

集团坚持统筹管理、错位发展的思路，优化教育教学和人才供给质量。湖北工程职业学院重点打造工科优势，以专业对接黄石产业，先后开办工业机器人、大数据应用技术、3D打印、激光加工、物联网技术等新专业；与集团中职学校携手拓展"3+2"中高职衔接渠道，与本科院校共建"3+2"专本试点，贯通中职到本科升学通道，为黄石产业转型培养学历、层次、素质更高的技术技能人才。湖北城市职校重点建设商贸、电子、医卫与服装等专业，黄石艺术学校重点办好舞蹈、音乐和美术等艺术特色专业。通过整合和优化，集团院校各有品牌，各有特色，资源

共享，协同发展。

（三）对接发展，打造"黄石专业"

集团立足黄石基因，依靠黄石优势，建成了九大特色专业集群：①对接东贝集团、三环锻压等企业的装备制造类专业群；②对接沪士电子、上达电子等企业的电子信息类专业群；③对接万达、兰博基尼等企业的商贸服务类专业群；④对接殷祖古建、扬子建安等企业的建筑类专业群；⑤对接汉龙汽车、汽车售后服务市场的汽车制造与维修类专业群；⑥对接美尔雅、美岛等企业的服装类专业群；⑦对接黄石社会文化产业的艺术类专业群；⑧对接黄石公共事业发展的教育类专业群；⑨对接鄂东医疗、医养集团以及乡村医生培养的医卫类专业群。一个专业群对接一个产业，一个专业对接一批企业，建成了具有黄石产业特色的国家重点支持特色专业8个，省级重点支持特色专业10个。

（四）融合发展，共育"黄石工匠"

深入推行"双主体办学"，校企双方在课程设置与标准、教学与实习、考核与评价、教材研发和基地建设等全过程、全方位共建共享。与上达电子公司共建产业学院，设立"厂中校"，把课堂搬进车间；试点向社会招生100人，学生半工半读，工资照发，学习照常，实现了职业岗位与专业学习的精准对接。与东贝集团、沪士电子公司开展现代学徒制试点，实行学校教师和企业师父"双师制"，学生入学即入职，入校即入厂。与殷祖古建园林公司共同建立应用技术协同创新中心，共同研究制定古建技术标准，开展古建筑数据采集及全息影像复原保护，传承古建技艺与文化。引进珠海世纪鼎立集团公司组建鼎立学院，重点发展工业互联网专业。引进北京长城专修学院资源，培养跨境电商人才。与汉龙汽车共同筹建汉龙学院，共建新能源汽车实训基地。与大冶市艺术剧院楚剧团联合开办"楚剧"订单培养班；联合市中心医院启动乡村医生培养计划。校企共育人才，实现了产教双赢，企业人力资源成本大幅度降低，集团院校师生近三年在全国和省级各级技能大赛中获奖500余项。

(五) 服务发展，助力产业转型

集团以黄石经济社会发展大局为轴心，集中资源对接地方产业，为黄石打造先进制造之城提供强大支持。一是为产业发展提供人才支持。中、高职就业率均超过96%，其中毕业生留黄石就业人数逐年增加，目前已达到1 200余人。在企业生产旺季，每年安排2 000余名在校生赴企业顶岗实习，缓解企业短期用工难问题。二是为行业提供智力支持。与大冶高新区、下陆区科技局、磁湖汇等园区签订科技合作战略协议4个，建立国家级实训基地5个、企业产学研工作室3个、科技创新团队12个。积极参与"百名专家人才进一线"活动，近两年累计派驻企业科技人员30余人。三是为企业提供技术支持。每年为企业开展"订制式"员工培训2万余人日，承接企业职工技能比武50余场次。

当前黄石正以"项目为王、干事为先"为原则，推进高质量发展，对技术技能人才的培养提出了更高要求。服务地方经济，为项目建设提供人才支撑，鄂东职业教育集团既有独特优势，更大有可为。2019年1月24日，国务院印发了《国家职业教育改革实施方案》，明确了职业教育与普通教育是两种不同教育类型，具有同等重要地位，并为新时代职业教育改革列出了详细的路线图、时间表和任务书。湖北工程职业学院将从以下四个方面努力工作，迎接职业教育的春天。

1. 在做大上下功夫，增强职教供给能力

按照规模与内涵"两轮驱动"的思路，扩大本地生源招生，力争2025年办学规模达到3万人，其中高职1.5万人，中职1.5万人。

2. 在做精上下功夫，打造核心竞争力

支持湖北工程职业学院按照国家"特高"计划，加快推进优质高等职业院校建设，进入全省高职第一方阵，支持湖北城市职校发挥示范引领作用，支持黄石艺校艺教品牌建设，打造全国一流特色职教。深化产教融合，建设一批深度融合、具有黄石特色的产业学院。

3. 在做强上下功夫，提升社会服务力

坚持开门办学，主动对接产业发展，积极探索"1+X证书"制度改革，举办好各部门委托的竞赛、鉴定、考试和认证等工作；主动对接"新

黄石人"计划，为企业开展职工技能培训和转岗转业培训 3 万人次；主动对接中小微企业，再建 10 个创新中心，联合科技攻关和技术改造，促进科研成果的转化。

4. 在做活上下功夫，激发集团改革活力

持续推进集团深化改革，破除集团发展的体制机制障碍，加快集团院校融合发展。创新治理模式，以各方收益、多方共赢为目标，形成政府、行业、企业、学校多方联动、协同参与的"大联合""大统筹""大职教"格局，不断探索集团化办学的"黄石模式"。

近年来，鄂东职业教育集团的发展得到了黄石市委、市政府和各部门的大力支持，鄂东职业教育集团将乘全国职业教育改革的东风，深入贯彻落实全市教育工作会议精神，不忘育人初心，牢记服务宗旨，把职业教育办成经济工程、人才工程和民生工程，为黄石市"五城建设"、"五大转型"和建设鄂东转型发展示范区贡献职教智慧和职教力量。

六、职业教育转型服务"一城两区"发展实施办法

为推动现代职业教育高质量发展，服务武汉城市圈同城化发展示范区建设，中共鄂东职业教育集团委员会制定了《关于新时代推动现代职业教育高质量发展服务武汉城市圈同城化发展示范区建设的实施意见》，全文如下。

关于新时代推动现代职业教育高质量发展服务武汉城市圈同城化发展示范区建设的实施意见

为深入贯彻落实党中央决策部署和省、市委工作要求，推动黄石职业教育高质量发展，助推武汉城市圈同城化发展示范区建设，根据《中共湖北省委、湖北省人民政府关于新时代推动湖北高质量发展加快建成中部地区崛起重要战略支点的实施意见》（鄂发〔2021〕19号）和《中共黄石市委、黄石市人民政府关于新时代推动黄石高质量发展加快建成武汉城市圈同城化发展示范区的实施意见》（黄发〔2021〕11号）精神，结合集团实际，提出如下意见。

一、总体要求

（一）指导思想。以习近平新时代中国特色社会主义思想为指引，深入学习贯彻习近平总书记在庆祝中国共产党成立100周年大会上的重要讲话和习近平总书记关于职业教育的重要论述精神，认真落实省委十一届七次、八次、九次全会和市委十三届十三次全会精神，立足新发展阶段，完整、准确、全面贯彻新发展理念和党的教育路线方针，以加强党的领导为根本保证，以立德树人为根本，以服务发展为宗旨，以促进就业为导向，以提高质量为目标，以产教融合为依托，深入推进育人方式、办学模式、管理体制、保障机制改革，切实增强职业教育适应性，不断完善现代职业教育体系，助推技能黄石建设，弘扬工匠精神，培养更多高素质技术技能人才、能工巧匠、大国工匠，为武汉城市圈同城化发展示范区建设提供有力的人才和技能支撑。

（二）发展定位。聚焦高质量发展，立足鄂东区域性职业教育中心目标定位，以融入武汉城市圈同城化发展为引领，努力争先进位，着力打造"一城两区"。

"一城"：争创国家产教融合试点城市。建立健全行业企业产教融合、校企合作体制机制，加快培育产教融合型行业企业、产教融合型生产性实训基地、"双师型"教师队伍，推进教育链、人才链与产业链、创新链有机衔接，打造鄂东产教融合发展新高地和技能型社会。

"两区"：建设全国职业教育促进经济社会发展试验区和武汉城市圈职业教育同城化发展示范区。

全国职业教育促进经济社会发展试验区：紧密对接中华职业教育社等平台，开展多领域、多层次的交流与合作，对接黄石智能装备制造、工业互联网、电子信息、临空经济等主导产业，探索职业教育促进城市发展新模式新路径，助推产业转型、招工稳工、招商引资、技术改造、职业培训、技能大赛、乡村振兴、退役军人再就业等全市重点工作，提升职业教育支撑力、服务力、贡献力、影响力和引领力。

武汉城市圈职业教育同城化发展示范区：创新职业教育现代治理模式，把职业教育融入武汉城市圈同城化发展机制。加强职业教育统筹，推动黄石城区和大冶、阳新职业教育联动发展，实现中职、高职、职教本科和技工教育纵向贯通；突出湖北工程职业学院主引擎作用，打造半小时职业教育圈。持续深化"三性一化"改革，逐步实现中高职一体化发展。

（三）主要目标。到2025年，推动黄石职业教育高质量发展、加快建成鄂东区域性职业教育中心取得实质性进展。规模实现新跨越，集团在校生人数翻一番，达到3万人，包括中职1.5万人、高职1.5万人；质量实现新跨越，高职创建中国特色高水平高职学校和专业，力争3年建成省级"双高"校，5年建成国家级"双高"校，中职创建国家优质校。能力实现新跨越，毕业生留黄石就业率大幅提升到50%，职业培训实现倍增，达到50万人日。品牌实现新跨越，创建国家示范性职业教育集团，打造类型教育创新发展和集团化办学的黄石品牌。

到2035年，黄石职业教育的规模、层次、结构更加匹配科技发展趋势和市场需求。职业教育供给质量更加匹配黄石产业结构调整转型升级，职业教育对经济社会发展的服务能力显著增强，现代职业教育和培训体系更加成熟定型，职业教育实现现代化，具有一定的国际影响力，职业教育总体发展水平进入国家中上水平，成为有重要影响力的职业教育样板城市。

二、坚持以职兴城，建设职业教育促进经济社会发展试验区

坚守立德树人初心，担当以职兴城使命，坚持立足黄石、融入武汉城市圈、辐射长江经济带，大胆改革，不断创新，构建产业、行业、企业、职业、就业联动发展新机制，推动职业教育全面融入区域经济社会发展大局。

（四）加强技术创新和转化应用，助推光谷科创大走廊黄石功能区建设。服务科技强市建设，对接"万企万亿"技改工程，实施产学研协同创新行动计划，开展"千名教师进千企"活动，鼓励和支持广大教师围绕产业关键技术、核心工艺和共性问题开展协同创新和成果转化。加快科研管理体制创新，引导和支持教师申报国家重大科研课题和省部重点研发计划；建好建强现有产业技术研究中心和创新创业平台，推动黄石市工业互联网产业技术研究院申报省级以上科技创新平台；实施专项引才计划，加快引进一批行业领军人才和高层次博士团队，培育一批科技特派员、科技创新团队，打造创新人才高地。

（五）扩大技术技能人才供给，助推全国先进制造业基地建设。主动适应"职教高考"制度，稳步扩大职业教育招生规模，提高生源质量，为黄石企业储备大批具有一技之长的高素质劳动大军；完善政校行企联合培

养、订单式培养等多元主体育人模式，大力培养产业转型升级急需的技术技能人才；建立健全就业创业指导服务体系，积极引导毕业生留黄石就业创业。坚持育训并举，建立适应市场的培训管理机制和考核激励机制，到2025年，实现年培训人次达到在校生规模2倍以上，全市技能劳动者和高技能人才占比大幅提升，技能型社会基本建成，为全国先进制造业基地建设输送大批能工巧匠。

（六）大力弘扬工匠精神，助推全国性综合交通枢纽建设。对接鄂州花湖机场和黄石临空经济区，大力发展飞机机电设备维修、民航安全检查、地勤、交通物流、跨境电商等专业，筹建航空学院。深度对接黄石新港、传化物流，服务"铁公水空"多式联运，建好港口物流产教联盟和产业技术研究院。发挥临江、临港、临空、临光谷优势，构建协同发展机制，加强与周边城市职业教育合作交流，推动武汉城市圈职业教育同城化发展。

（七）实施职业教育"走出去"战略，助推湖北对外开放新高地建设。联合下陆临空跨境电商产业园，共建实训基地和产业学院，培养从事跨境电子商务运营与管理的高技能人才，助力国家跨境电商综合试验区建设。依托华为、中兴、有色集团和十五冶等跨国企业，建设"鲁班工坊"，通过在国内招聘、在黄石培训、在境外就业，在境外招聘、送回黄石培训、回境外就业，在境外开班、就地招聘、就地培训三种模式，为黄石企业培养海外生产经营需要的本土人才。举办和参加金砖国家技能大赛，打造技术交流平台；加强与"一带一路"沿线国家院校合作与交流；加快推进中外合作办学。

（八）深化职业教育供给侧改革，助推鄂东区域性消费中心建设。加快发展学前教育、幼托等一批人才紧缺专业，构建长学制人才培养体系，推动黄石幼教事业普惠性发展；推动护理、康养、公共卫生、中医药等民生专业集群化发展，服务疾控体系改革和公共卫生体系建设；大力发展会计、会展、酒店、旅游、物业、文化艺术等现代服务业领域的相关专业，助推黄石现代文旅产业和服务业突破性发展。大力开展服务基层治理的社区工作者培养工程、公共卫生管理人才培养工程、服务非遗文化传承的数据建设工程，完善公共服务供给，助力黄石城市品质提升。

三、增强职业教育适应性，建设国家产教融合型试点城市

坚持立足黄石、融入黄石、服务黄石的办学定位，对接"光芯屏端网"产业升级和技术变革趋势，完善产教融合办学体制和校企合作机制，推进多元协同育人，打造产教命运共同体。

（九）树立跨界意识，坚持产教融合。把职业教育作为工业转型战略工程和重要生产要素保障，主动融入全市重大生产项目；坚持围绕产业链调整专业链、围绕专业链建设课程链、围绕课程链培育人才链，对接黄石产业地图，优化职业教育布局，打造区域有需求、行业有地位、国内有影响的新工科专业集群。对接"上云用数赋智"行动，数字化、智能化升级改造机械、模具等传统专业，优先发展工业互联网、智能制造等新兴专业集群。对接殷祖百亿古建产业，加快建设仿古建筑等地方特色产业。

（十）树立开门办学意识，坚持校企合作。对接长三角和粤港澳大湾区，与特斯拉、吉利汽车等世界500强企业和本地龙头企业合作，开设订单班、冠名班，定制式精准培养人才，打造技术技能人才高地，服务产业转移和招商引资。坚持引企入校、引校入企，每个专业吸纳行业龙头企业深度参与专业规划、课程设置、教材开发、教学设计、教学实施，加快推进现代学徒制和企业新型学徒制改革，让学校像工厂、课堂像车间、老师像师傅、学生像学徒，实施校企双元育人，实现产教联动发展。

（十一）树立平台意识，坚持政校行企整合资源。坚持跳出职教办职教，整合政、校、行、企各方资源，按照"六个一"改革思路，做实做强现代产业学院；对接全市重大生产项目，布局一批新产业学院，实现招工即招生、入校即入企；加强产教融合理论研究，培育和输出现代产业学院建设经验和品牌。加快建设黄石市公共实训基地；联合县市区，依托行业龙头企业，将最新技术和设备用于校企共建的实训平台，建设一批具有辐射引领作用的高水平专业化产教融合型实训基地、"双师型"教师培养基地、职工技能竞赛基地和职业体验中心。

四、坚持提质培优，打造黄石职业教育品牌

（十二）深化厅市共建成果，建设高水平高职学校。积极对上争取支持，把厅市共建协议转化为发展成果，确保省域高水平高职学校和专业群申报成功；以"双高"校建设为引领，进一步加强统筹，完善协调督办机制，推进重大项目落实落地，形成一批标志性成果，带动职业教育综合实力和办学水平提升。以工业互联网和机械制造及自动化两个专业群为引领，进一步厘清组群逻辑，推进专业集群化发展，打造一批国家级高水平

专业群。以课堂革命为引领,实施"三教"改革攻坚行动,打造一批金牌课程、精品教材和教师教学创新团队。到2025年,成功入选中国特色高水平高职学校和专业群。

(十三)建立健全内部质量保证体系,建设优质中职学校。实施中职教育提质培优行动,积极承接国家和省质量工程项目,力争创建中职国家级优质校。把做优作为中职发展的重点,推进内部质量保证体系诊断与改进工作,实现中职集约化、优质化、精品化发展。进一步校准中职功能定位,坚持技术技能人才贯通培养的主流方向,适度控制以直接就业为培养目标的纯粹中职教育规模。以高职为引领,优化职业教育学校、专业以及相关资源要素的布局调整,带动中职学校做大做强。试点课程互选、学分互认,促进中职教育和普通高中相互融通。

(十四)深化教育教学改革,推动职业教育转型发展。主动适应党中央和国家重大战略、适应人的成长规律、适应市场和产业,推动教学方式由注重教向产教结合转变,引导专业课老师进企业、进车间,及时了解企业新技术、新工艺、新材料、新模式、新需求,提升教书育人水平。推动学习方式由教学性实训向生产性实训转变,大力建设生产性实训基地,广泛开展生产性教学和虚拟仿真教学,让学生学中做、做中学,提升技术技能和职业素养。推进二级学院管理方式由教学主体向办学主体转变,坚持简政放权和权责对应原则,推进管理重心下移,扩大二级学院办学自主权;完善相配套的人事和财务等相关制度改革,激发二级学院在人才培养、科技研发、社会服务等方面的创新活力。

五、坚持思想破冰,深化职业教育治理体系改革

(十五)深化"三性一化"改革,推进中高职一体化发展。保持定力,增强韧劲,持续深入推进"集团统筹性、高职引领性、中职基础性的中高职集团化办学"的"三性一化"改革,培育职业教育集团化办学品牌。以湖北工程职业学院教育学院、医卫学院为试点,以人事制度改革为着力点,加快推进中高职一体化发展,共享发展成果。通过提升、贯通、转型、整合等途径,打破中职自成一体的封闭发展观念和办学格局;提高人才培养层次和中职毕业生升入本地高职就读比例,稳步推进本科层次职业教育试点,支持湖北工程职业学院与应用型本科院校合作培养贯通式高素质技术人才,推动各层次职业教育在专业设置、培养目标、课程体系、培养方案衔接，实现中职、高职、职教本科贯通发展。

（十六）深化治理模式创新，推进职业教育和技工教育融合发展。以敢为人先的勇气，积极探索新时代技工教育治理体系；以集团为统领，构建中职、高职、职教本科和技工院校一体化发展的新机制；以"1+X证书"制度试点为抓手，推进毕业证和技能等级证互通互认，培育实操技能和理论框架共同提升的"新技师"；积极推动制度创新，探索同等层次的职业教育与技工教育一体化招生、一体化办学、一体化培养的新路径新模式。整合职业教育和技工教育政策优势，用足用好各类资源力量，推进育训并举、课证融通，打造特色培训品牌。

（十七）引领职业教育布局调整，打造半小时职业教育圈。以湖北工程职业学院新校区为引领，带动、优化职业院校布局调整；打造以教育城为圆心，以东连蕲春、南通阳新、西接大冶、北达鄂州花湖机场临空经济区为半径，辐射黄石90%以上的大中型企业和周边350万常住人口的半小时职业教育圈，形成产教科城"一盘棋"发展格局。采取合并、合作、托管、集团化办学等措施，带动全市职业院校协同发展，整市推进职业教育提质进位，逐步建设鄂东区域性职业教育中心。加强与武汉城市圈职业院校的协同合作，以职业教育同城化助推城市同城化发展。

六、提振精神状态，为黄石职业教育高质量发展提供坚强保障

（十八）加强组织领导。坚持党建引领，加强党对职业教育的全面领导；要围绕中心、服务大局，增强"四个意识"，树牢"一盘棋"思维，坚决执行市委、市政府决策部署；集团各院校落实主体责任，细化实施方案，狠抓工作落实。集团机关各部门加强统筹协调，强化工作协同，积极向上争取政策支持。

（十九）改进工作作风。坚决克服和纠正形式主义、官僚主义，坚持目标导向、问题导向，制定各条各块和各院校的具体落实措施，实现项目管理、清单管理，确保各项任务落细落小、落实落地。完善容错纠错机制，激励各级党组织和广大党员干部敢于担当作为，勇于开拓创新，以"拼、抢、实"的状态和作风，创造性抓好工作落实。

（二十）强化督办落实。坚持以实绩论英雄，加强考核评价和结果运用，进一步提升工作标准、提高工作质效。加强督办检查，建立定期通报制度，对涌现出来的典型案例和成功经验及时通报表扬，对于工作不力、问题突出的单位和个人，进行通报问责。

七、职业教育转型的成效

通过实施"三个转变"，湖北工程职业学院在深化校企合作、提升职业教育影响力和美誉度等方面取得了明显成效。实践证明，职教转型，海阔天空。

（一）吸引力显著提升

实现了"三个翻番"：一是规模翻番。积极承担高职扩招计划，招生人数两年翻一番，2020年录取人数达到3 909人，创历史新高。2021年高职在校生突破1万人。二是录取分数线翻番。2020年普通高考最低录取分数线高于全省控制线69分，2021年普通高考最低录取分数线高于全省控制线195分，技能高考录取分数线在全省地市州中名列前茅，其中40余名学生高考分数超出本科线。三是毕业生留在本地就业比例逐年上升。

（二）影响力显著提升

黄石职业教育的品牌效应日益彰显，产业学院发展模式被中央电视台新闻联播点赞报道，职业教育转型模式被全国高职高专校长联席会议评为2020年度全国高等职业教育改革发展优秀成果案例，并在中国职业技术教育2020年学术年会上作典型交流。2021年5月27—29日，成功举办第九届职业教育与城市发展高层对话会，相关领导和全国25个省区市地方政府、职教社、职业院校、行业企业400余名代表出席会议，高度肯定、纷纷点赞黄石职业教育发展模式，湖北工程职业学院被授予"职业教育促进经济社会发展试验校"。

（三）贡献力显著提升

学校坚持立德树人、以职兴城，产教融合、校企合作深入推进，职业教育对地方经济社会的贡献度和支撑力大幅增强。在人才供给方面，毕业生留黄石就业率逐年增长，2021年达到38%；年职业培训量增量巨大，2021年达到18万人日，成为黄石地区最大的技术技能人才培养基地。在技术服务方面，成立黄石市工业互联网产业技术研究院等 10 个科技创新平台，启动黄石模具行业工业互联网应用平台建设，推动中小微企业"入网上云"，助力地方产业经济提质增效。2021 年，工业互联网产业技术研究院升级为省级研究院。

（四）产教融合影响力增强

湖北工程职业学院致力于"把校园建在产业园、把专业建在产业链"，大规模开展职业技能培训，为黄石高质量发展提供人才支撑。对接产业办专业。为服务黄石九大产业集群对技术技能人才的需求，该集团开设装备制造类、电子信息类等 9 大特色专业集群、78 个专业，实现专业与产业对接全覆盖、零空白。该集团与黄石 120 余家规模以上企业合作，建成多个国家级实训基地、产业学院、校企共建实训室、科技服务平台，成为黄石最大的技术人才输出和职业培训基地。

"十四五"期间，湖北工程职业学院将围绕"一个中心、三个支撑"的目标（一个中心：鄂东区域性职业教育中心。三个支撑：全省职业教育创新发展实验区、鄂东产教融合发展高地和技能强市），实施规模再造、质量再造、能力再造、品牌再造的职业教育再造工程。同时，打造以教育城职教园为圆心，东连蕲春、南通阳新、西接大冶、北达鄂州机场临空经济区，辐射黄石 90% 以上的大中型企业和 350 万常住人口的"半小时职教圈"，构建现代职业教育体系，实现黄石职业教育高质量发展。

八、本章小结

在工业 4.0 时代，职业教育通过自身的转型发展，坚持改革创新，加强内涵建设，增强自身吸引力，培养适应生产、管理、服务一线岗位能力和素质要求的高素质技术技能人才。湖北工程职业学院积极推进职业教育转型，教师教学由注重教向产教融合转变，学生实训由教学性实训向生产性实训转变，二级学院由教学主体向办学主体转变，湖北工程职业学院实现了办学吸引力、影响力和贡献力提升。

第五章　现代治理：集团化办学改革

为了贯彻落实《国家职业教育改革实施方案》，抢抓职业教育发展的黄金机遇，推进国家利好政策的落地落实，有效破解集团化办学在深化改革过程中面临的基础性和深层次的矛盾和问题，进一步办好新时代职业教育，充分发挥集团化办学的力量和优势，更好服务黄石高质量发展，走规模发展之路，深化中高职集团化办学体制改革，鄂东职业教育集团实施了集团化办学改革。

在推进集团化办学改革和发展过程中，鄂东职业教育集团面临着很多问题：一是起步晚，实力不强，高职不到 6 000 人的规模，在湖北省来说，规模偏小。二是一个集团两个办学层次，办学基础不一样，要求不一样，集团如何统筹，中高职如何紧密衔接，都需要思考和探索。三是产教融合不深，技术人才培养缺乏企业支撑。四是服务能力不强，影响力和知名度不够。

如何破解这些难题，走出一条集团化办学的新路子，这是黄石市委、市政府交给鄂东职业教育集团的一个重要课题和一项重要任务。自 2020 年以来，围绕这个课题，鄂东职业教育集团以职业教育供给侧结构性改革为主线，以"三抓一促"为统领，以服务黄石高质量发展为突破口，全力推进集团和黄石市职业教育改革发展。

一、鄂东职业教育集团基本情况

鄂东职业教育集团组建于 2015 年 7 月，是一个集团、两个办学层次（中职和高职）、三个办学主体（湖北工程职业学院、湖北城市职业学校和黄石艺术学校）、四块牌子（湖北工程职业学院、湖北城市职业学校、黄石艺术学校、湖北省机械工业学校)。按照集团组建时的"三定"方案,集团是市政府直属社会公益类法人事业单位,受黄石市委、市政府委托,代表市政府履行出资人职责,承担政府举办职业教育职责。三所学校成建制划入集团,改为集团下属分支机构,其人、财、物和教育教学业务由集团统一管理。因此,与一般职教集团或联盟不同,鄂东职业教育集团承担的是黄石城区职业教育管理的职能,这种模式的集团在全国非常罕见。

鄂东职业教育集团各院校办学特色各异,优势明显。湖北工程职业学院重点打造新工科优势,开设工业机器人、大数据应用技术、3D打印、激光加工、物联网技术等智能制造专业,湖北城市职业学校重点建设商贸、医卫与服装等专业,黄石艺术学校重点办好舞蹈、音乐和美术等艺术特色专业。

二、集团化办学面临的问题和机遇

(一) 集团化办学面临的问题

从内部来看,鄂东职业教育集团及院校存在三大问题。

(1) 高职发展不快。2002年黄石职业教育资源重组,2008年重组后的湖北省机械工业学校抢抓机遇,一马当先,申办了高职,成为黄石职教的龙头,高职办学至今已达10余年,但是放眼全国全省,湖北工程职业学院存在发展不快、规模不大、质量不优、特色不显、服务不强等问题。全省25所优质校,地市州除了天门、潜江,就是黄石没有,这与黄石在全省的地位极不相称。据数据统计调查:全省高职高专在校生人数43万人,校均7 176人,湖北工程职业学院高职5 824人,少于全省平均数1 352人;全省专任教师17 952人,校均332人,最高911人(武汉职业技术学院),湖北工程职业学院为255人,少于全省平均数77人。学校总建筑面积全省平均25万平方米,湖北工程职业学院15.9万平方米,少于平均数9.1万平方米。在湖北省地市州21所高职院校中,湖北工程职业学院校园占地面积排名倒数第二,仅大于民办的黄冈科技职业学院;建筑面积排名倒数第三,仅大于黄冈科技职业学院和三峡旅游职业技术学院;在校生人数排名倒数第四,仅多于三峡旅游职业技术学院、天门职业学院和江汉艺术职业学院。优质校一共39项评审指标，湖北工程职业学院不仅在硬指标上落后于人，在第29～37项国家级的教学成果奖、技能大赛、资源库、专业等软实力指标上也基本为零，因此，如果再不加快改革、加快发展，湖北工程职业学院将会被历史淘汰。

（2）中职发展不强。湖北工程职业学院因为以高职办学为主，中职更多地沦为了高职的生源基地，办学实力和影响力都在减弱，特别是数控、模具等传统优势专业规模持续下滑，智能制造等新兴专业优势尚未形成。湖北城市职业学校财会专业、黄石艺术学校的艺术类专业原来在黄石影响巨大，但是现在优势发挥不明显，规模不大，能拿出来的拳头专业、精品课程和品牌项目不多。

（3）集团整合不力。高职没有成长起来，中职光辉不再，集团这艘航母缺乏一个强大的马达来带动。截至2019年，集团成立已4年，但是集团集约优势、统筹职能没有真正发挥，三个学校依然各自为政，中高职没有有效整合、有序衔接，集团改革面临的体制机制问题错综复杂。

从外部来看，湖北工程职业学院面临三大竞争压力。

（1）一大批普通本科高校向应用型转变。湖北省高校，除了少数保留研究性学术性，其他绝大部分将来都要向应用型高校，向职业教育靠拢。湖北师范大学、湖北理工学院是全国第一批转型试点，湖北文理学院专科招生1 400余人，为本科储备生源。这些对职业教育院校是巨大挑战。

（2）民营资本逐鹿黄石职教市场。职教改革"20条"，一个基本的思路就是，支持社会多元办学，民营资本已经在跃跃欲试，策划申办民办高校，一些大型企业也在谋划企业办学。现在大家都看好职业教育和技术培训这块市场，可以说，时间紧迫，形势逼人。

（3）周边院校步步紧逼。现在国家政策的一个基本导向是扶优扶强，集中资源支持建设一批"双高"学校和专业。周边城市和示范（骨干）校步步蚕食和挤占学院的发展空间，可以说，形势不容乐观。

应用型本科、民营资本、骨干示范校三军逼近，已经对湖北工程职业学院形成合围之势。如果学院不加快夯实自己的基础，筑起牢固的防线，等本科高校转型成功，民办职院成长起来，将来市场将难有学院一席之地。现在学院还处在一个竞争空当，但是这个空当不会太长，最多三五年，留给湖北工程职业学院改革和布局发展的时间也只有三五年，所以，时间紧迫，形势逼人。

（二）集团化办学问题原因分析

1. 客观原因

客观原因就是起步较晚。湖北工程职业学院2007年办高职，2008年招生，与其他院校相比，确实起步晚。办学起步晚，导致：一是错失了高职院校建设的第一波浪潮——国家示范校、骨干校。这一步晚，导致湖北工程职业学院步步晚。二是湖北工程职业学院规格上不去，失去了很多行政资源。三是规模上不去，空间受限。四是由于高职上不去，所以湖北工程职业学院抱着中职不敢放，很多教职工"中职情节"很浓，留恋中职，办了高职，舍不得中职，中职教育的理念转变不过来，中职教学的模式转变不过来，中职管理的体制机制转变不过来，中职办学的痕迹很重。在跟学生访谈的时候，有些"3+2"的学生就反映，觉得在湖北工程职业学院读中职和高职差不多，学的内容也差不多，管理也差不多，教师也是那几个人。在国家级技能大赛、教学大赛奖项中，湖北工程职业学院还是以中职为主，高职的不多。学院一定要通过制度设计，引导教职工把学生的关注点、兴趣点和创造点转移到高职上来，不然学院高职很难出高质量、高级别的标志性成果。

2. 主观原因

主观原因就是思想禁锢。当前职业教育改革是全方位的、翻天覆地式的、前所未有的改革，创造出了一大片"蓝海"和一个个机遇。这个大变革、大洗牌的时代，正是湖北工程职业学院抢抓机遇、后发制人、弯道超越千载难逢的机会。但是学院有些同志思想放不开，存在以下几种现象。

（1）保守的思想。存在不善于吸收新思想、学习新事物，怕改革，疑虑改革，不敢创新、不会创新、不思创新，甚至害怕创新，认为改革就会乱的思想。比如新校区建设的问题，有的教职工一怕会影响他们的收入增长，二怕生源波动，三怕教师流失。马克思主义哲学原理告诉我们，稳定永远是相对的，发展才是硬道理。

（2）偏安的心态。存在小富即安、小富即满的心理，安于"以前就是这么做的"惯性思维。

（3）消极的情绪。有些同志不愿意担当，有些干部不愿意当干部……如果大家都不愿奉献和付出，那么学校怎么能发展壮大起来呢？

（4）狭隘的视野。职业教育是一种开放的教育，必须融入产业、融入社会、融入地方，但是教师们有一种"自娱自乐"的感觉，关起门来办学，与黄石产业、与地方发展，联系不紧、关系不深。

还有一种"坐井观天"的现象，有些同志不愿出去学习，不看大势，不谋长远，只看小利，不看大局，没有领悟"蛋糕原理"。只有把蛋糕做大，才能多分蛋糕。各级领导要解放思想，打开眼界，要跳出职教办职教。比如杭州职业技术学院，原来也是一所名不见经传的小学校，但是经过5~8年的建设，一跃成为全国一流职院。杭州职业技术学院原校长贾文胜提出"融"的办学理念，把学校的围墙拆掉，把图书馆、会议中心、运动场全部免费对外开放，要把学校打造成附近居民休闲的公园，打造成附近大学生谈情说爱的聚集地。学校建了一个浙乡非遗馆，虽然花了500多万元，但是它把当地政府、民间组织、非遗传承人等各方的资源串联起来，承担国家级教学资源库建设，开设传统手工业技艺网上课程35门，开发素材资源1.2万余个，成为该校对外展示的重要窗口。它产生的社会效益是无价的，由此而带来的各方的支持是无价的。开放的办学姿态赢得了政府和社会的支持，投资3亿元的杭州市公共实训基地、高职学生创业园、开发区产学研发展学院等项目都先后落地该校。

（三）集团化办学面临的重大机遇

1. 时代机遇

不谋全局者，不足以谋一隅。抓集团改革，必须深刻、清醒地分析湖北工程职业学院所处的历史方位。当前科技迅猛发展，特别是中国制造向中国创造转型，深刻改变了对人的需求（原来只要跟着师傅，有了一技之长，就能干一辈子，而现在则需要具有终身学习能力的复合型创新人才，必须接受正规的职业教育训练）。如果说20世纪八九十年代职业教育的辉煌是政策"托市"（上中专可以包分配、转户口、吃公粮），那么今天职业教育盛夏的到来，则源于这个时代的内生需求。这是职业教育当前最大的时代背景和历史方位。

正是出于对这个时代背景和历史方位的准确把握，国家对职业教育的重视前所未有。把职业教育作为一种类型教育，与普通教育同等重要，以国务院名义发布"职教20条"，在我国教育史上是第一次。自2019年以来，国务院和各部委先后出台的职业教育改革政策文件多达20余个，力度、频率和可操作性都历史罕见。扩招100万人，培训补贴1 000亿元，里面有很多文章可做。当前中国职业教育处在前所未有之大变革时期，这个大变革、大洗牌的时代，对于后发职业院校来说，是实现弯道超越、后来居上的千载难逢的机会。

但是从目前来看，在国家政策扶优扶强的背景下，湖北工程职业学院并没有享受到改革的平均红利。比如高职扩招100万人，平均每校可增加705人，但是学院高职招生计划仅增加了500人；职业培训补贴1 000亿元，但是学院培训收入仅有200多万元。因此，如果不深化集团改革，面对如此好的时代机遇和政策红利，学院也只能望洋兴叹，错失机遇。

2. 地域机遇

黄石市委、市政府对集团的支持前所未有，市委书记多次过问，市长亲自协调。市委、市政府大力支持，一方面源于主要领导的认识，另一方面源于黄石经济发展对技能人才的巨大需求。2020年上半年黄石地区生产总值（GDP）增长8.4%，排名全省第一；规模以上工业增加值增长10.7%，排名全省第二，创5年来最好水平。按照经济学概算，GDP每增加一个百分点，能带动150万人就业，换句话说，GDP每提速一个百分点，需要150万产业工人来支撑。据市就业局调查数据，2019年年初黄石市企业用工缺口21 162人，并且90%以上的被调查企业都对技术人员有技能等级证书要求。黄石作为一座工业城市，工业基础在全省地市州中独一无二，这正是鄂东职业教育集团提速发展的最强大动力源泉。如果学院不主动承担这项人才服务职能，不能满足地方发展需要，将得不到地方政府的支持。

3. 体制机遇

鄂东职业教育集团的管理模式至少有三种好处：第一，在财政投入有限的情况下，可以有效地避免重复建设、资源浪费；第二，避免互相无序竞争，实现资源统筹、错位发展；第三，对高职而言，可以保住本地生源，对中职而言可以发挥高职引领作用，实现共同发展。但是由于集团体制改革不到位，大家怨气很重。到三个学校调研，听取大家意见，不管是中职，还是高职，不管是领导班子，还是普通教职工，大家改革的意愿很强，呼声很高，对学校发展的危机感和改革的紧迫感很强烈。特别是湖北工程职业学院的教师，优质校没评上，大家都在反思：问题出在哪里？以后的路该怎么走？大家谋求集团改革和发展的紧迫感前所未有。

所以综合来看，天时（国家职教改革的时代机遇）、地利（黄石工业经济）、人和（市委、市政府大力支持和广大教职工热切期盼），为湖北工程职业学院推动职业教育的改革和加快发展创造了条件。

三、集团化办学改革的必要性

（一）规模是内涵式发展的必由之路

小而精的道路走不走得通？可以明确地说，走不通。做大才能做强。没有规模，五六千人的小学校，一是没有社会关注度，没有人重视，国家和省里项目来不了，二是无法满足地方经济发展需求，政府不满意，三是生源就是财源，现在是实行生均拨款，生源少，财政拨款就少，没有财力支持，就做不了大事业。所以，一定要走规模发展道路。没有规模，休谈内涵。

（二）规模发展需具备的条件

规模要做大，一必须有空间，二必须有生源，三必须有教师。空间问题可以通过建设新校区来解决。

解决生源问题的关键是高职规模如何做大，如何把中职生源输入高职。如果能把中职升高职的比例提高到60%（湖北工程职业学院目前中职升高职的比例是75%），那么集团内中职每年可为高职输送3 000名生源，再在外地招1 500人（2018年已招1 300人），企业招500人，高职每年招生可达5 000人，在校生规模1.5万人，中高职总人数达到3万人。

学院还要有足够的实力招聘一大批优秀教师和行业内的领军人才，解决好教师资源问题，这是湖北工程职业学院做大规模的条件和路径。

（三）规模发展的途径

做大规模，一个关键的要素就是中职的60%升高职。如何让60%的中职生毕业后升入集团高职？靠开会提要求不行，靠签责任状不行，靠教师自觉更不行，最终要靠制度，要改革集团的办学模式，让中职生自然而然、水到渠成地升入高职，因此，必须走中高职紧密型的集团化办学之路，推进以强化二级学院管理为核心的机构改革，实行二级学院的管理模式。核心就是以湖北工程职业学院引领，让同一类型的中高职专业在同一个二级学院办学，同一专业的中高职学生在同一个二级学院管理，更好地发挥集团统筹性、高职引领性、中职基础性作用。

做实湖北工程职业学院直属二级学院。湖北工程职业学院按照二级学院自身特色和优势，赋予人、财、物权利，坚持责、权、利结合，做实做强二级学院。

设置湖北工程职业学院独立核算的二级学院。湖北城市职业学校做强商贸、医卫、服装传统优势专业，对应设立湖北工程职业学院二级学院，既有中职，也有高职，中高职集团化办学。

艺校和女子艺校合并，做强学前教育、工艺美术、音乐舞蹈传统优势专业，对应设立湖北工程职业学院二级学院，既有中职，也有高职，中高职集团化办学。

独立核算二级学院设置2~3年的过渡期。过渡期内，两所中职，在确保办学经费实现稳定增长的前提下，按照不挤占高职绩效的原则，独立核算，并提取一部分发展资金，支持湖北工程职业学院建设。2~3年后，学校纳入湖北工程职业学院直属管理，或者在财力许可的情况下，一步到位，整体并入湖北工程职业学院管理。

做大湖北工程职业学院合作二级学院。与大型企业（集团公司）合作组建二级学院，学生就地入学、工学交替，双方联合办学、协同育人。这种模式是多方共赢，充分利用了企业、宿舍、教室、实训设备等资源，既解决了企业留工难、稳工难的问题，又培训了员工；学生既拿了工资，又拿到了大专文凭；同时还可以大幅提升毕业生留黄石比例。只要合作二级学院办得好，毕业生留黄石就业比例达到50%以上完全可以实现。所以，要大力探索这种模式，一个企业不行，可以联合相关几个企业、一个产业或者一个行业来举办。

四、集团化办学改革的措施

抓深化改革，解决集团体制机制的问题；抓项目建设，解决集团空间的问题；抓产教融合，解决集团发展路径的问题。因此，必须坚持"三抓一促"工作思路，加快推进职业教育高质量发展。

（一）集团化办学改革的方向

（1）坚持政策导向。加强国家职业教育政策研究，确保集团改革符合国家政策，依法深化改革；在研究政策的基础上，把握重大突破，实现制度创新，增强改革的预见性和前瞻性。做好基础数据的收集、整理、分析，用数据说话，增强改革的科学性。

（2）坚持发展导向。集团改革要坚持有利于院校长远发展，有利于服务黄石经济社会，有利于增强师生获得感。

（3）坚持问题导向。全面梳理集团运行和院校发展中存在的问题，针对问题改革，增强改革的针对性和有效性。推进改革要接地气，结合黄石实际，打造"黄石模式"。

（二）把握集团化办学改革的原则

1. 巩固存量，扩大增量，在院校收益上做加法

巩固存量，就是集团三院校现有利益要继续巩固。扩大增量，就是在巩固各院校现有利益的基础上，发挥集团的倍增效应，通过招生规模的迅速扩张、社会培训收入的几何级增长、经费收入的持续上涨，把增量做大，把蛋糕做大，在收益上做加法，实现收入的快速增长，让三个学校共享改革成果。

2. 聚焦特色，整合资源，在专业设置上做减法

目前，三院校专业设置重复交叉的太多，同质化严重，一来导致重

复建设、资源浪费，二来导致大家都做不大，三来导致了互相竞争、互相埋怨，四来两所中职的生源到不了高职，所以必须在专业设置上做减法。

无特不优，无特不强。要实行差异化发展，不搞大而全、小而全。把招生规模小、与地方产业结合不紧密的专业砍掉，对同一类型的专业进行整合，打造一批有核心竞争力的专业集群，培育一批新兴专业集群，把湖北工程职业学院机械制造类、新工科的特色打造出来，把湖北城市职业学校商贸类、医卫类、服装类的特色打造出来，把黄石艺术学校艺术教育、学前教育的特色打造出来，最终实现各二级学院错位发展、特色发展，各有千秋，特色鲜明。

3. 强化高职引领，巩固中职基础，在扩大规模上做乘法

规模要做大，必须坚持走规模发展之路。要发挥中职的基础性作用、高职的引领性作用，通过集团统筹"催化"，产生化学反应，从而实现招生规模上的倍数增长，最终实现办大办强办优。

4. 简政放权，增强活力，在推行二级学院管理改革上做除法

截至2021年，湖北工程职业学院二级学院已挂牌5年，但大家普遍反映的是，二级学院想干事，但是没有权，职能部门管的事太多。集团改革必须从以强化二级学院管理为核心的运行机制改革入手，简政放权，为二级学院松绑。集团和学校主要从宏观上进行指导和统筹协调，二级学院在各自权责范围内，承担教学、科研、招生、就业、人事管理、项目建设、社会服务等职能，真正实现管理重心下移，激发二级学院干事创业的激情与活力。目前，湖北工程职业学院建筑与环境艺术学院、交通工程学院已经在筹备先行试点。

五、集团化办学改革的具体内容

（一）集团化办学改革主要内容

1. 以强化二级学院管理为核心的机构改革

（1）直属二级学院的管理。

直属二级学院指湖北工程职业学院下设的机电工程学院、电气电子学院、建筑与环境艺术学院、交通工程学院、经贸与信息学院。为顺利扩大各二级学院办学自主权，已将建筑与环境艺术学院、交通工程学院定为二级学院管理改革的先行试点学院。每个二级学院在建设中，一是要精心打造2个核心专业群和培育1个发展专业群；二是每个专业群对接黄石一个产业、对接一批龙头企业；三是每个专业群聘请一批行业内领军人物作为专兼职教授，创办工作室，培育一个团队；四是与对应市直部门对接，联合相关行业、企业形成产教联盟或行业协会；五是每个专业群成立一个行业技术研发机构，坚持产学研，提升服务行业企业能力；六是建立政校行企合作办学的体制机制，扩大行业单招试点范围。

(2) 独立核算二级学院的管理。

湖北城市职业学校保留财会、医卫、服装传统优势专业，并进一步整合集团三所院校同类型专业资源，对应设立湖北工程职业学院二级学院，充分发挥集团高职引领作用，形成中高职集团化发展的办学格局。在确保办学经费实现稳定增长的前提下，学校按照独立核算的制度运行和考核。经过2~3年运行，学校纳入湖北工程职业学院直属管理，或在财力许可的情况下，一步到位，并入湖北工程职业学院管理。

黄石艺术学校与黄石市女子艺术学校合并办学后，保留学前教育、工艺美术、音乐舞蹈传统优势专业，并进一步整合集团三所院校同类型专业资源，对应设立湖北工程职业学院二级学院，充分发挥集团高职引领作用，形成中高职集团化发展的办学格局。在确保办学经费实现稳定增长的前提下，学校按照独立核算的制度运行和考核。经过2~3年运行，学校纳入湖北工程职业学院直属管理，或在财力许可的情况下，一步到位，并入湖北工程职业学院管理。

(3) 合作二级学院的管理。

与大型企业（集团公司）合作组建服务对应产业的二级学院，企业负责招生，学校负责教学，学生就地入学、工学交替。校企双方联合办学、协同育人，按照协议，共摊办学成本，共享收益。

2. 配套改革

(1) 专业设置的改革。

各二级学院按照自身特色和优势，设置2~3个专业群，整合集团三所院校现有专业资源，集中精力，精心打造2~3个核心专业，力争办成全省全国骨干示范专业、高水平专业集群，涌现出更多国家级标志性成果。

（2）培训机制的改革。

集团统一对外开展培训宣传；统一接受政府、行业、企业委托，组织培训订单；统一制定收费标准；统一实施培训项目化管理；统一结算管理。以各院校近3年平均培训量为参照，确定各院校培训考核基数，超出基数部分由集团与各院校按比例分配，做大培训总量，提升培训质量。

（3）人事制度的改革。

在经过充分调研、广泛听取意见的基础上，依法依规、科学制定人事制度改革方案。

（4）财务制度的改革。

按照"分灶吃饭、费随事转"的原则，依法依规、科学制定财务制度改革方案，条件成熟时，集中统一核算，各学院二级分配。

（二）集团化办学改革步骤

按照"整体规划、分段推进、试点先行、以点带面"的总体要求，从大处着眼、小处着手推进集团改革工作，实现中高职集团化办学模式。

第一阶段：顶层设计，总体决策。集团党委在深入调研、广泛听取意见的基础上，召开党委会专题研究。通过党委扩大会，进行集中讨论和集体研究，制定出台改革实施方案。

第二阶段：宣传发动，统一思想。以习近平新时代中国特色社会主义思想为引领，全力推动集团化改革向纵深发展。层层传达改革会议精神，全面动员部署，组织广大教职员工参与其中。

第三阶段：分解任务，明确分工。进一步明确改革任务的负责领导、牵头部门、参与部门和时间节点，分类分组分步推进。

第四阶段：组织实施，试点先行。直属二级学院管理体制改革已正式启动。其他配套改革，要按照方案成熟一个、先行试点一个的原则，逐步实施。

第五阶段：总结经验，全面推进。在试点先行的基础上，不断总结经验，不断完善改革方案。加强各方面改革配合联动，使各项改革相互促进、相得益彰，形成改革总体效应。

五个阶段，环环紧扣，步步相连。要按照第一年试点先行，第二年初显成效，第三年全面铺开、建成品牌的节奏，扎实稳步推进改革五个阶段不偏不倚向纵深发展。

（三）集团化办学改革的保障措施

1. 政治保障

集团上下要进一步统一思想、凝聚共识、形成合力。营造"改革创新、奋发有为"的浓厚氛围，牢固树立大局意识和改革工作全局观念，提高政治站位、强化责任担当，上下贯通，下好改革一盘棋。在集团改革问题上，冲破思想观念障碍，突破利益固化藩篱，践行新时代好干部标准，不做政治麻木、办事糊涂的昏官，不做饱食终日、无所用心的懒官，不做推诿扯皮、不思进取的庸官，不做以权谋私、蜕化变质的贪官。

2. 体制机制保障

建立职业教育集团化办学的协调机制，加强集团和各院校与行业管理机构的联系，整合社会、企业与学校的教育资源，优化配置，激活资本运作方式，不断优化改进内部管理体制，建立科学有效的质量保证体制，加强对各二级学院的管理与考核，按照年度绩效评估结果落实绩效分配方案。

3. 政策保障

各专班、各小组、各部门在按照国家相关职业教育政策制定配套改革方案时，要积极向上争取政策支持。创新工作思路，改进工作方法，优化细化改革实施方案，拿出切实可行的措施，为着力解决制约改革发展的瓶颈问题提供有力的政策保障。

（四）集团化办学改革要求

实行集团领导包保各院校，各院校领导包保各二级学院的管理模式。各专班、各小组、各部门在制定人事、财务、教学、招生等配套改革方案时，务必按照上述改革思路，仔细研究、认真分析、依法依规、从严而定。

（1）不断强化改革的思想自觉，面对复杂严峻的各种困难挑战，唯有全面深化改革才能破解难题。不能等着"给答案"，而要主动"解方程"，任何等待观望，都可能贻误改革良机，影响改革进程。

（2）积极发挥主观能动性，勇于正视现实中的问题、难点，激发刀刃向内的勇气，以强烈的紧迫感和使命感敢于担当、主动作为，真刀真枪地抓改革、促落实。

（3）提高政治自觉，始终坚持以习近平新时代中国特色社会主义思想为引领，增强"四个意识"，坚定"四个自信"，做到"两个维护"，以严明的纪律确保改革扎实推进。

（4）坚持以师生为中心的发展思想，对师生反映强烈的突出问题，必须坚决改、马上改，要把有利于增强师生获得感的改革放到更加突出的位置来抓，让改革成果惠及全体师生。

（5）确保稳定。改革期间，各院校、各二级学院、各部门广大干部要增强政治敏锐性，做好宣传解释工作，对改革中教职工反映的问题及时报告，迅速处置。

六、推进集团治理现代化的实施办法

为深入开展集团化办学，提高人才培养质量，中共鄂东职业教育集团委员会制定了《关于坚持立德树人以职兴城，推进集团治理现代化的实施意见》，全文如下。

关于坚持立德树人以职兴城推进集团治理现代化的实施意见

为深入学习贯彻习近平总书记重要讲话和重要指示批示精神，全面贯彻落实党的十九届四中全会、省委十一届七次全会和市委十三届十一次全会精神，奋力推进集团治理现代化，实现黄石职业教育高质量发展，特制定方案如下。

一、坚持以习近平新时代中国特色社会主义思想为指导，加快推进集团治理体系和治理能力现代化

（一）指导思想。坚持以习近平新时代中国特色社会主义思想为指导，

深入贯彻党的十九届四中全会、省委十一届七次全会和市委十三届十一次全会精神，全面贯彻落实支撑中国特色社会主义制度的根本制度、基本制度、重要制度，围绕立德树人、以职兴城初心使命，加快构建规范合理、科学有效、运行通畅的制度体系，切实把制度优势转化为治理效能，打造适应时代、符合实际、引领发展、支撑创新的职业教育治理现代化的"黄石样板"，为黄石推进疫后重振、全面建成小康社会、开启社会主义现代化强市建设新征程，贡献职教智慧与职教力量。

（二）基本原则。坚持对标对表，坚决贯彻落实党中央推进国家治理体系和治理能力现代化的决策部署以及市委推进市域治理现代化的工作要求，确保各项任务落实落地。坚持突出重点，以党建引领为主体，以"三性一化"[①]改革为突破口，着力完善集团治理体系。坚持问题导向，大力推进思维创新实践创新，着力解决困扰集团发展的体制机制障碍。坚持制度定型，突出制度建设这条主线，加强建章立制，推进相关制度更加完善更加定型，为黄石职业教育改革创新、实现高质量提供有力保障。

（三）主要目标。按照"三步走"目标，力争2~3年时间，集团体制机制改革创新取得新突破，职业教育集团化办学的制度框架与治理体系基本定型和更加完善，集团及院校基础能力建设成效显著。力争3~5年时间，集团治理体系进一步优化，治理能力进一步提升，中职、高职、本科和技工教育一体化发展的治理结构更加成熟，建成在全省乃至全国具有品牌效应和标杆示范引领作用的职业教育创新高地。力争5~10年时间，各方面制度更加完善，基本实现集团治理体系和治理能力现代化。

二、坚持和完善党的领导制度体系，把党的领导落实到集团改革发展各方面各环节

（四）坚决落实"两个维护"制度。推动集团及院校各级党组织和广大党员干部增强"四个意识"、坚定"四个自信"、做到"两个维护"，全面贯彻党的教育方针，坚持社会主义办学方向，完善习近平总书记重要讲话和重要指示批示精神的落实机制，严明政治纪律和政治规矩，严格执行请示报告制度，确保政令畅通、令行禁止。

（五）坚决落实不忘初心、牢记使命的制度。健全学思践悟习近平新时代中国特色社会主义思想工作体系，落实全省"思想引领、学习在先"机制，健全党委理论学习中心组等各层级学习制度，始终把不忘初心、牢记使命作为加强党的建设的永恒课题和党员干部的终身课题，坚定党员干部和师生的政治信仰。

（六）坚决落实党的全面领导制度。坚持党对一切工作的领导，加强党委领导班子建设，提高党委把方向、管大局、做决策、保落实的能力。坚决落实党委领导下的校长负责制，规范议事内容，完善决策程序以及决议执行办法，加强集团党委对"三重一大"②事项的全面领导和统筹协调。进一步完善党委工作制度，强化党的组织在同级组织中的领导地位。深化评价机制改革，将党的建设和思想政治建设成效作为人才培养、专业建设、学术成果、师资建设等考核评价的重要指标，突出权重，充分运用。

（七）坚决落实全面从严治党制度。贯彻新时代党的建设总要求，健全以党的政治建设为统领、全面推进党的各方面建设的体制机制。严肃党内政治生活，净化党内政治生态。严格落实中央八项规定精神，构建纠治"四风"长效机制。健全严管与厚爱相结合的工作体系，激励干部担当作为。

（八）坚决落实党的基层组织建设和治理制度。深入实施学校党组织"对标争先"建设计划，创新优化基层党组织设置；选优配强党组织班子，完善二级学院（专业部）党政联席会议的决策内容和程序，推动符合条件的基层党组织书记参加学术委员会、专业建设委员会、职称（晋级）评审委员会等学术组织，发挥基层党组织领导核心作用；持续加强党支部标准化、规范化建设，集中整顿软弱涣散党支部；加强高校教师党支部书记"双带头人"培养，充分发挥教师党支部在教师思想政治工作中的重要作用，教师入职、考核、评优、晋升应当由所在党支部考察其政治立场、思想素质、师德师风，给出明确意见。

（九）坚持和完善多元主体共建共治机制。进一步完善教职工代表大会制度，切实保障教职工参与学校民主管理和民主监督的权利；加强政治引领，做好党外知识分子的团结引导工作，鼓励他们立足岗位建功立业；依法推进信息公开和办事公开，保证教职工、学生、家长、社会公众对学校重大事项、重要制度的知情权；加强学生组织和社团建设，支持和鼓励学生参与学校治理；依法健全社会参与机制，在决策咨询、教学科研、安全管理、学生实习实践等方面更多引入社会资源，扩大社会参与学校治理的广度与深度。

三、坚持和完善立德树人制度体系，着力培养德智体美劳全面发展的社会主义建设者和接班人

（十）完善校园安全管理体系。坚持安全是前提、健康是保证、成人是基础、成才是目标的育人理念，不断优化育人体系和工作评价机制。守牢校园安全底线，依法履行校园安全工作主体责任，建立健全学校安全风险防控体系，不断完善风险研判机制、预警机制、排查处置机制，确保师生生命财产安全。定期组织有针对性的应急演练、人员避险自救培训，提升师生应急救援能力，加强应急保障能力建设。

（十一）构建学生健康保障机制。牢固树立健康第一的教育理念，高度重视和关心学生健康成长；建立和完善健康教育网络，加强学生健康知识教育，培养学生良好的体育卫生习惯；加快学校运动设施与健康保障体系建设，优化体育课程内容和教学方式方法，增强学生体质；建立传染病预防控制工作体系，增强学校疾病预防和应急处置能力；加强学校食堂管理，深入开展爱国卫生运动，提升师生公共卫生安全意识和应急素养；加强心理健康教育与服务，引导学生走下网络、走出宿舍、走向操场，培养学生强健体魄。

（十二）优化学生成人教育体系。围绕"为党育人、为国育才"目标，加强党委对学校思想政治工作的全面领导，加强"五个思政"[3]建设，建立健全一体化"三全育人"[4]体系。引导专业课教师加强课程思政建设，将思政教育全面融入人才培养方案和专业课程。坚持文化育人，创建校园文化品牌。充分挖掘和利用社会、企业资源，共建德育实践基地和专兼职德育导师队伍。加强理想信念教育、爱国主义教育、新时代公民道德教育，培育和践行社会主义核心价值观；系统开展劳动教育，设立劳动教育必修课；加强文化艺术类公共基础课建设，创建中华优秀传统文化传承基地，强化新时代美育教育，让学生在校期间接受一次国学礼仪培训，引导学生多元成才，培养德智体美劳全面发展的社会主义建设者和接班人。

（十三）完善学生成才培养体系。对接国家战略和黄石产业需求，科学规划专业设置，用3年时间创建1~2个高水平专业群，用5年时间创建高水平职业院校；建立人才培养方案公开制度，加强课堂教学日常管理，规范教学秩序；推动"课堂革命"，提升课堂教学质量；推进"三教改

革"⑤，逐步推行活页式、工作手册式、融媒体教材，探索分工协作的模块化教学组织方式；加强实践性教学，建立符合学生成长规律和企业生产规律的实习实训制度；加强职业道德、职业素养、职业行为习惯培养，提升学生职业能力，培养服务区域发展的高素质技术技能人才和大国工匠、能工巧匠。

四、坚持和完善以职兴城制度体系，为黄石经济社会高质量发展贡献职教力量

（十四）完善人才供给体系。主动适应国家职业教育招生制度，规范考试招生形式，推进中高职联合招生和一体化培养，不断扩大招生规模，提高生源质量。实施高职扩招人才培养质量保障工程，建立标准不降、模式多元、学制灵活、分类教育的人才培养体系；不断完善政、校、行、企联合招生、联合培养的双主体育人模式，培养产业转型升级急需的技术技能人才；加强创新创业教育，建立健全就业创业指导服务体系，积极引导毕业生留黄就业创业，不断增强人才供给能力。坚持育训并举，建立适应市场的培训管理与运行机制，完善职业培训目标考核与绩效激励机制，实现年培训人次达到在校生规模2倍以上。

（十五）完善开门办学制度。坚持立足黄石、融入黄石、服务黄石的办学定位，统筹产教融合发展规划；深化职业教育供给侧结构性改革，构建产教融合校企合作制度体系和领导机制，拓宽企业参与途径，发挥企业重要主体作用；研制产教对接谱系图，优化专业布局，深化"引企入教"，加快推进现代学徒制和企业新型学徒制改革；按照"六个一"⑥改革思路，整合资源，做实做强产业学院，形成政校行企社共建共治共享的良好局面；推进高水平专业化实训基地、教师企业实践流动站等产教融合平台建设，构建职业教育产教命运共同体。

（十六）健全科技服务机制。创新制度供给，加快落实国家和省市促进科技成果转移转化政策文件，加快构建形成政策保障有力、信息开放共享、对接渠道通畅、资源配置高效的科技成果转移转化新机制；加快科研管理体制创新，激发科学研发和技术创新活力，引导和支持教师申报国家重大科研课题和省部重点研发计划；实施产学研协同创新行动计划，鼓励和支持广大教师与企业、科研机构围绕产业关键技术、核心工艺和共性问题开展协同创新；加快培育一批科技特派员、科技创新团队、产业技术研究中心和创新创业平台，加大科技创新和成果转化力度。

五、坚持和完善"三性一化"治理体系，深入探索现代职业教育集团化办学的"黄石模式"

（十七）完善"三性一化"改革制度体系。持续深入推进黄石职业教育融合发展，通过教育教学资源由集团统筹调度、培训资源由集团统筹整合、中高职由集团统筹衔接、产教融合由集团统筹协调，强化集团统筹性；通过带动中职教师专业能力与职业资格提升、发展内涵提升、办学层次提升、办学效益提升，加强高职引领性；通过支撑高职规模做大、普及高中阶段教育、提升留黄石就业率，夯实中职基础性。积极谋划和推进本科层次职业教育试点。

（十八）建立健全二级学院管理机制。坚持以群建院，科学规划二级学院布局和机构调整；以湖北工程职业学院教育学院、医卫学院、服装艺术学院为试点，加快推进中高职一体化发展的二级学院管理模式改革；坚持简政放权和权责对应原则，推进管理重心下移，扩大二级学院办学自主权；完善相配套的人事和财务等相关制度改革，激发二级学院在教育教学和管理工作等方面干事创业的激情与活力。

（十九）建立健全以信息化为支撑的内部质量保障体系。研究制定集团机关及院校目标管理考核办法和办学质量考核办法，不断完善检查监管评价机制；推动中职学校教学诊断与改进工作，完善高职内部质量保证体系；落实《深化新时代教育评价改革总体方案》，构建政、校、行、企、社等多元参与的评价体系。落实《职业院校数字校园规范》，加强信息化基础能力建设，提升信息化建设和应用水平，创建1所信息化标杆学校。推动信息技术和智能技术深度融入学校管理全过程，大幅提高决策和管理的精准化科学化水平。

（二十）坚持和完善依法治校制度体系。全面贯彻党和国家教育方针，切实依法规范办学行为；健全科学决策、民主管理机制，深入推进以章程为核心的现代学校制度建设，优化学校内部治理结构；建立规范性文件审查与清理机制，加强重大决策合法性审查；健全学校权利救济和纠纷解决机制，依法维护师生合法权益；健全法制宣传教育机制，深入学习以宪法为核心的中国特色社会主义法律体系，弘扬法治精神；积极推进依法治校示范校建设活动，创建法治校园。

六、创新人事管理制度，凝聚建设国家示范性职教集团的磅礴力量

（二十一）建立公平公正、充满活力的人事管理制度。坚持"三性一化"改革方向，加快人事制度改革，建立符合实际、机制灵活、运行高效的人事管理制度体系；成立教师发展中心，加强师资队伍建设的规划设计和统筹谋划；设立专项资金，实施现代产业导师特聘计划，聘请一批行业领军人才、企业高层次技术技能人才，建设一批技能大师（名师）工作室，培养一批专业带头人；加强兼职教师队伍建设，推动企业工程技术人员、高技能人才与学校教师双向流通，构建"双师型"教师队伍培养体系，建设一支数量充足、专兼结合、结构合理、师德高尚、业务精湛、充满活力的教师队伍。

（二十二）完善高素质专业化干部队伍梯队建设机制。按照"五个过硬"[⑦]标准，加强集团及院校领导班子建设；按照"年轻干部7种能力"[⑧]要求，完善干部挂职锻炼、定期轮岗、交流任职培养机制，促进年轻干部在岗位实践中增长才干；建立健全干部选拔任用机制和常态化培训机制，建设一支政治过硬、品德高尚、业务精湛、治校有方、后继有人的专业化管理队伍。

（二十三）完善教师"三个能力"建设机制。按照教学、科研、服务"三个能力"[⑨]标准，不断完善教师成长体系和管理制度体系；规范和完善教师培训制度，有计划、分步骤实施教师素质提升计划；突出教师"双师"素质建设，校企共建一批教师实践基地，落实5年一轮的教师全员培训制度；健全"双师型"教师认定、聘用、考核等评价机制，突出专业教学能力、实践技能水平和社会服务实效；破除"五唯"[⑩]倾向，改革教师晋升和评价机制，将企业实践经历、业绩成果等纳入评价标准；创新绩效分配机制，引导和鼓励教职员工围绕中心工作干事创业、争先创优；多渠道争取政策，逐步增加事业收入，保障教师工资待遇稳步提升，提升师生员工获得感、幸福感。

七、坚持和完善监督制度体系，强化制度执行刚性约束

（二十四）健全廉政宣教长效机制。健全落实廉政学习机制，实行岗位廉政教育制度，有针对性地开展廉政风险防范教育；深入推进廉政文化建设，积极开展"以案警示、以案促改、以案资治"等活动，实现廉政宣传教育常态化、制度化和长效化。

（二十五）构建全方位监督机制。认真执行民主集中制，完善"三重一大"决策监督机制，完善权力规范运行机制；推进集团纪检监察体制建设，推动党委主体责任、党委书记第一责任人责任和纪委监委一体联动，健全教职工代表大会民主监督、财务审计监督等制度。

（二十六）健全执纪问责机制。聚焦师生关注关切、重要项目、重点领域、关键环节、群众身边不正之风等问题，严格践行"四种形态"工作机制，不断完善反"四风"长效机制，精准执纪、靶向问责；坚持严管与厚爱相结合，建立容错机制，激励干部担当作为。

八、加强组织领导，为推进集团治理现代化提供坚强保障

（二十七）加强组织领导。集团各院校、机关各部门要高度重视职业教育治理现代化工作，坚持目标导向、问题导向，制定各条各块和各院校的具体落实措施，实现项目管理、清单管理，确保各项任务落细落小、落实落地。

（二十八）改进工作作风。坚决克服和纠正形式主义、官僚主义，大兴调查研究之风和实干创新之风，着力解决集团改革发展突出问题；坚决反对开完会、发完文就算落实，严肃整治把说了当做了、把做了当做成了，搞层层部署、层层落空等行为。

（二十九）强化督办落实。把推进治理现代化纳入集团及院校各级党组织和领导干部履职尽责考核内容，加强对各级各部门工作落实情况的督办检查，对于工作不力、问题突出的单位和个人，严肃追责问责。

2020年10月12日

附件：

名词注释

①三性一化：发挥集团统筹性、高职引领性、中职基础性，实现中高职集团化办学。

②三重一大：重大事项决策、重要干部任免、重要项目安排，大额资金的使用。

③五个思政：学生思政、教师思政、课程思政、学科思政、环境思政。

④三全育人：全员育人、全程育人、全方位育人。

⑤三教改革：教师、教材、教法改革。

⑥六个一：每一个二级学院打造一至两个核心专业群；对接黄石一个产业、对接一批龙头企业；聘请一批行业内领军人物，创办大师工作室，培育一个教学团队；组建一个产教联盟或行业协会；成立一个产业技术研究机构；联合一批企业实施政校行企合作办学，开展企业员工学历和技能双提升行动。

⑦五个过硬：信念过硬、政治过硬、责任过硬、能力过硬、作风过硬。

⑧年轻干部7种能力：政治能力、调查研究能力、科学决策能力、改革攻坚能力、应急处变能力、群众工作能力、抓落实能力。

⑨教师三个能力：教学能力、科研能力、服务能力。

⑩五唯：唯分数、唯升学、唯文凭、唯论文、唯帽子。

七、集团化办学改革的成效

为加快构建黄石市现代职业教育体系，2005年7月，黄石市委、市政府对全市职业教育资源进行优化整合，组建鄂东职业教育集团，形成了职业教育集团化发展的新体制新模式。实践证明，这种模式在整合资源、产教融合、鼓励创新等方面具有显著的优势，同时也符合国家"两种教育类型"的政策导向，是探索职业教育集团化办学的"黄石方案"，在全国具有很强的推广价值。

（一）构建了职业教育现代治理体系

1. 形成职业教育首位度

黄石是中国钢铁工业摇篮，是中国近代职业教育的发源地之一。近年来，黄石工业经济增速位居全省前茅，技术工人缺口达3万以上。黄石市委、市政府坚持招商先招工，把职业教育作为高质量发展的一大关口，作为工业转型战略工程，纳入产业发展规划。市委主要领导亲自上阵，一年四次调研鄂东职业教育集团，谋划布局和协调解决职教发展难题。

2. 构建了职业教育现代治理体系

黄石市政府主要领导亲自指挥，分管副市长牵头抓总，教育、人社、财政、科技、经信、发改、工会等市直部门分工负责，行业企业和社会组织共同参与，形成了政、校、行、企、社多元主体共建共治共享的现代化治理体系。以职教集团为载体，强化职业教育市级统筹，推进黄石城区与大冶、阳新职业教育联动发展，形成"一主两翼"（以黄石城区职业院校为主体，大冶、阳新职业学校为两翼）发展格局。

3. 完善了职业教育保障体系

出台支持产教融合"黄金十六"，在湖北省率先落实高职生均经费制度，在人、财、物上举全市之力支持职业教育发展。加大财政投入，投资28亿元，按照在校生1.5万人、占地947亩、建筑面积49万平方米的规模，在国家级开发区规划建设鄂东职业教育集团中高职新校区。

（二）推进了中职、高职、本科和技工教育一体化发展

1. 构建了职业教育职责的新体制

根据"三定"方案，鄂东职业教育集团为市政府直属社会公益类法人事业单位，相当于正县级，受市委、市政府委托，代表市政府履行出资人职责，承担政府举办职业教育职责，教育教学业务分别接受湖北省、黄石市教育行政部门的管理和指导，这种教育模式的集团在全国非常少见。

2. 形成了紧密型实体化运行的新机制

目前，鄂东职业教育集团的构建是一个集团、两个体系（学历教育和职业培训）、三个办学区域（分东区艺校、南区工程职院、西区城市职校）、四个办学层次（技校、中职、高职、本科）。集团党委隶属黄石市委管理，集团在管理体制上为紧密型，实行党委领导下的校长负责制，校长为集团法人代表。机关分设党群纪检部、行政管理部、教学科研部、人力资源部、学生工作部、计划财务部和后勤保障部7个内设机构，履行管理院校的职能。同时各院校依法行使独立办学自主权，以高职为引领，技校、中职、高职、本科贯通发展，形成适应新时代发展需要的现代职教体系。

3. 探索了职业教育"三性一化"改革的新路径

鄂东职业教育集团实施集团统筹性、高职引领性、中职基础性、中高职集团化办学的"三性一化"改革。通过院校教育教学资源由集团统筹调度、培训资源由集团统筹整合、中高职由集团统筹衔接、产教融合由集团统筹协调，发挥集团统筹性。通过带动中职教师专业能力与职业资格提升、发展内涵提升、办学层次提升、办学效益提升，发挥湖北工程职业学院的高职引领性。通过支撑高职规模做大、普及高中阶段教育、提升留黄石就业率，发挥中职基础性。通过"三性一化"改革，把政府、行业、企业、学校等各方面的资源整合起来，共同投入、共同建设，实现抱团发展、集约发展。这种教育发展模式，得到了国家人社部、教育部、省教育厅以及职业教育专家的充分认可和黄石市委、市政府的高度肯定。

（三）提升了产业发展贡献度

在"不忘初心，牢记使命"的主题教育中，集团上下统一思想，树立"立德树人、以职兴城"办学理念，提出职业教育的初心是落实党的教育方针，坚持立德树人，职业教育的使命是服务地方经济社会发展，坚持以职兴城，通过职业教育来服务推动黄石产业和企业发展。

一是提供人才供给，毕业生留黄石就业率持续增长；发挥职业教育优势，开展企业职工培训，数量不断攀升。

二是坚持开门办学，围绕产业链调整专业链，根据专业链建设课程链，通过课程链培育人才链，2020年调整了14个专业，2021年再调整4个，对接黄石新兴产业。新开设了古建筑、冶金、人工智能、飞机维修、跨境电商等专业。

三是坚持科技服务，提升服务企业技术改造和产业转型升级的能力。牵头成立了黄石市发明协会、鄂东南保护性建筑数据中心、黄石港口物流产业研究院和工业机器人产业技术研究院。

（四）打造了产教融合命运共同体

鄂东职业教育集团充分发挥平台功能和资源整合优势，围绕职业教育三项主要职能（教育、科技和国际交流），坚持开门办学，构建以产业学院为核心的产教融合命运共同体，探索形成了一批可复制可推广的产教融合新模式新路径。

1. 围绕教育职能，创新企业新型学徒制，建设现代产业学院

2019 年，统筹运用技工教育和职业教育的政策支持，推动集团院校与上达电子公司合作，承担湖北省首批政校行企联合办学试点，开设企业新型学徒班。学员为企业在职员工，同时注册为学校学生，白天上班、晚上上课，旺季生产、淡季学习，实行弹性学制，完成学分即可拿全日制大专文凭，实现招工即招生、入校即入企，被央视新闻联播点赞为"黄石模式"。按照这一模式，2020 年又与开发区·铁山区、西塞山区，以及大冶有色、新冶钢、东贝、欣益兴、十五冶等龙头企业，共建了智能制造、电子信息、环亚健康、冶金、建筑、港口物流等 11 个产业学院，开展政校行企联合培养人才，实现了校企无缝对接、人才精准培养。

在产业学院建设中，大力推进"六个一"改革，整合政校行企各方资源。每一个二级学院打造一至两个核心专业群；对接黄石一个产业、对接一批龙头企业；聘请一批行业内领军人物，创办大师工作室，培育一个教学团队；组建一个产教联盟或行业协会、成立一个产业技术研究机构，联合一批企业实施政校行企合作办学，开展企业员工学历和技能双提升行动。

2. 围绕科技职能，以工业互联网研究院为抓手，打造产教融合新高地

充分发挥技工院校技术技能积累的优势，提升科技创新和技术服务能力，在产业转型升级主战场中，实现"有为有位"。2019 年 11 月 14 日，在第二届中国工业互联网创新发展大会上，成立了黄石市工业互联网产业技术研究院，这在全国职业院校中尚属首家。研究院聚焦产业技术研究和应用推广，联合中国信通院、工联院、信通传媒等顶级科研机构，发布工业互联网发展蓝皮书，举办工业互联网创新发展首届云上研讨会，牵头编写全国高职高专工业互联网专业教材，建设黄石模具行业工业互联网应用平台，在行业内产生了较大影响。"十四五"期间，集团将以工业互联网产业技术研究院为突破口，创建在全省，乃至全国具有标杆引领示范作用的产教融合高地。

3. 围绕国际交流职能，坚持"走出去"战略，主动培养"一带一路"建设者

黄石市连续 11 年入选"中国外贸百强城市"，大型跨国企业众多，鄂东职业教育集团主动服务黄石企业"走出去"战略，联合华新、十五冶等跨国企业，共建"一带一路"学院，通过在国内招聘、在黄石培训、在境外就业，在境外招聘、送回黄石培训、回境外就业，在境外开班、就地招聘、就地培训三种模式，为黄石企业培养海外生产经营需要的本土人才。自 2019 年以来，与大冶有色合作共建赞比亚海外培训基地，与十五冶共建海外技工班，成功举办了"2019'一带一路'暨金砖国家技能发展与技术创新大赛"——第二届移动机器人技能大赛，并喜获国际决赛铜牌，黄石职业教育开始走出国门。

八、本章小结

鄂东职业教育集团以习近平新时代中国特色社会主义思想为指引，乘国家职业教育改革东风，不忘初心，牢记使命，开拓创新，奋力前行，全体教职工和广大学生，同心同力，开拓创新，奋力作为，深化集团化办学改革，努力探索职业教育集团化办学的黄石样本，谱写了湖北职业教育的奋进之笔，为助力"一芯两带三区"区域和产业发展战略贡献了黄石力量，在新时代职业教育事业中书写了光辉的篇章。

第六章　命运共同体：现代产业学院

现代产业学院是高职院校与企业开展深度协同育人的协同网络联结点，是人才链与产业链发生交互行为的介质有机体，更是高等教育遵循外部适应规律的衍生新物质。不断深化产教融合、校企合作对于高等职业教育而言，充分体现其跨界属性，对职业教育高质量发展就显得尤为重要。产教融合培养需要借助和依托一定的平台或载体，自新工科建设"北京指南"提出要"推动大学组织创新，探索建设一批与行业企业等共建共管的产业化学院"以来，产业学院已成为当前地方高校推进产教融合、培养高素质工程技术人才的创新组织。

职业院校现代产业学院研究起始于 2007 年，2014 年国务院印发的《关于加快发展现代职业教育的决定》为高职院校产业学院的建设发展提供了宏观教育政策保障和必要的制度支持。2017 年国务院办公厅印发的《关于深化产教融合的若干意见》重点要求"深化'引企入教'改革，鼓励企业依托或联合职业学校、高等学校设立产业学院"，为高职院校依托优势特色院系或骨干专业，寻找产业学院建设的最佳契合模式，提供了目标愿景及行动指南。2019 年《国家职业教育深化改革实施方案》的印发实施全面激发和释放了高职院校产业学院的办学体制机制改革的制度活力和政策红利。2020 年教育部等九部门印发《职业教育提质培优行动计划（2020—2023 年）》加快推进职业教育现代化，标志着产业学院建设进入新阶段。2021 年 10 月 12 日中共中央办公厅、国务院办公厅印发的《关于推动现代职业教育高质量发展的意见》中可见，产业学院建设进入国家级示范项目推动的新阶段，即"提质培优"新阶段。产业学院由"传统"向"现代"迈进、由"数量"向"质量"转变。一系列政策的出台一方面可以看出国家对职业教育深化产教融合、校企合作的自外向内的政策外部驱动力,另一方面也可以看出现代产业学院作为政校行企的人才链、创新链、教育链、产业链的融合点,各主体间应该把握时机发展自内而外的承接力,它的建设对于我国高质量发展职业教育和产业升级具有重大意义。

一、现代产业学院内涵

现代产业学院建设需要运用管理学、经济学、社会学、生物学等多学科理论及其通用方法论,持续破解不同发展环境中的目标、方向、定位、运作等质量领域问题。其作用是为了有效实现工学结合人才培养,由高职院校和具有相当规模的企业在理念、机制、模式、条件上形成产学研一体化深度合作、互动双赢的校企联合体。其目标是以资源共享与合作共赢,依托高校建立的具有健全的独立运行机制,服务于某个行业企业的新型办学机构。利用现代产业学院作为支撑平台,深化产教融合、校企合作,打造校企政命运共同体。

目前我们国家产业学院已初具规模。广东省以提升高校服务特定产业能力为目标,整合政府、高校、行业、企业资源,建立了以应用型人才培养为主,兼有学生创业就业、技术创新、科技服务、继续教育等功能的多主体深度融合的现代产业学院;福建省认定了一批示范性现代产业学院,以深化产教融合、校企合作为目标,以共建、共管、共享、共赢、可持续为基本准则,搭建起校企、校行、校政、校地、闽台等多形式联合育人平台,形成一批具有示范价值的育人成果;江苏省建设了一批相关行业学院,如常熟理工学院等。其中部分地区现代产业学院的建设还会根据院校实际情况及区域发展特点设置为虚拟现代产业学院组织,如许昌学院、莆田学院等建立的现代产业学院等。黄石也在不断探索现代产业学院建设模式,真正推动高校和企业共建现代产业学院,探索理事会、股份制等多种形式,探索学院与产业联动机制,按照行业需求设置课程,创设实践环境,促进育人和产业发展的深度融合。

二、"双高计划"背景下现代产业学院建设的黄石实践

(一)"黄石模式"现代产业学院建设的背景分析

"要坚持产教融合、校企合作,坚持工学结合、知行合一。"这是习近平总书记对职业教育做出的重要批示。产教融合是党中央的重大决策部署,是牵一发而动全身,关乎教育、科技、人才、产业各领域,具有基础性、先导性、全局性的战略性设计。湖北工程职业学院以"双高"建设为目标,以集团化办学为引领,以现代产业学院建设为突破口,深入探索产教融合、校企合作的新思路新途径。

现代产业学院背景主要分为三个层面。

1. 国家层面

产业学院建设是国家产教融合政策的新导向。2014年6月23—24日全国职业教育工作会议召开,习近平总书记作出重要批示,指出:"要坚持产教融合、校企合作,坚持工学结合、知行合一。"在党的十九大报告中,习近平总书记强调,要完善职业教育和培训体系,深化产教融合、校企合作。

近年来,产教融合已成为职业教育的标签和绕不开的话题。自中华人民共和国成立以来,我国校企合作、产教融合大致经历了四个发展阶段:20世纪50—70年代,企业举办职业教育,厂办学校,厂校一体;20世纪80—90年代,行业举办职业教育,校企分离,校办工厂;21世纪初,政府举办职业教育,行校分离,产教结合、校企合作、工学结合;进入新时期,多元主体办职业教育,产教融合,校企双元。应该说产教融合取得了巨大成效,但是仍存在一些亟待解决的深层次问题,具体表现为:产教融合利益相关方关系松散,政府、行业、企业主动性不足;产教融合联结方式薄弱,利益共享共赢的联结点不明;产教双向融合的深度不够,机制不完善,合作形式单一等。"产"与"教"两张皮现象的产生,根本原因是产教融合多元主体的主观认知、利益视角和行为逻辑存在差异。

因此,《国家职业教育改革实施方案》中提出要"推动职业院校与行

业企业形成命运共同体"。构建产教命运共同体既是破解产教融合、校企合作现实困境的必然选择，也是下一个阶段产教融合发展的演变趋势。

如何构建职业教育命运共同体？产业学院是必然选择。因为产业学院可以把政校行企多元主体紧紧联结起来，实现产教价值共同、利益共同、治理共同、育人共同、文化共同、情感共同，从根本上破解产教融合深层次问题。

2. 学校层面

产业学院建设是"双高计划"的新课题。2020年国家提出了"双高计划"。"双高"怎么建？先要找准方向和评价体系。《中国特色高水平高职学校和专业建设计划项目遴选管理办法（试行）》第十一条明确了申报"双高"院校有四个大方面的评价标准，其中一方面就是"在产教融合、校企合作方面成效显著，对区域发展贡献度高"。所以，产教融合是"双高"建设的硬指标。

根据56所"双高"院校的申报书和建设方案，高水平高职院校的重点建设任务，分为规定动作和自选动作两个部分。其中规定动作有十大项，概括起来就是"一加强"（加强党的建设）、"四打造"（打造技术技能人才培养高地、打造技术技能创新服务平台、打造高水平专业群、打造高水平双师队伍）、"五提升"（提升校企合作水平、提升服务发展水平、提升治理水平、提升信息化水平、提升国际化水平）。产教融合、校企合作是"双高"建设的规定动作，与企业共建产业学院是提升校企合作水平的重要载体。因此，深化产教融合、建设产业学院，是"双高"建设必须完成的任务、绕不开的课题和必修之课，是学校的发展之路、生存之道。

3. 个人层面

产业学院是教师成长的新平台。新时代职业教育对教师成长有新要求。国务院印发的《国家职业教育改革实施方案》明确提出："从2019年起，职业院校、应用型本科高校相关专业教师，要从具有3年以上企业工作经历并具有高职以上学历的人员中公开招聘，从2020年起原则上不再从应届毕业生中招聘。"国家政策导向非常明确，职业教育不重学历、重经历。这是新时代职业教育对教师的新要求。

目前，职业院校的教师存在社会地位不高、幸福感不强等困惑。要提高职业院校教师的社会地位和美誉度，关键是要构建核心竞争力。职业院校教师区别于普通院校教师的最大优势和看家本领就是技术技能和社会服务能力。因此，2020 年湖北工程职业学院提出，教师要加强三个能力建设——教学能力、科研能力和服务能力，这与国家政策导向是一致的。如何加强这三个能力建设呢？方法和路径就是产业学院。你要是想评教授、当名师，光靠一根粉笔、一本教材、三尺讲台，可不行；光靠寒暑假到企业去溜一圈、搞个调研，也不行。必须参与产业学院建设，长期与企业一起"打滚"，一起进车间、搞生产、做项目。只有这样才能真正把职业教育教师的看家本领给培养起来，把最大优势给发挥出来。

通过以上分析，要对产教融合、产业学院的性质和地位进行重新认识、重新定位。产教融合是职业教育的根本特征、发展模式、基本原则、基本要求，是职业教育改革的方向与旗帜。产业学院是新时期破解产教融合深层次问题的必然选择，是"双高"建设的新课题和发展之道，是教师成长的新要求和必由之路。

（二）"黄石模式"现代产业学院建设的探索

1. 产业学院的立足点：土壤、阳光和空气

黄石建设产业学院有肥沃的土壤：黄石底蕴深厚的产业基础。黄石是中国钢铁工业摇篮，大型国有企业众多，50 多个产品是国际一流水平，工业基础在全省地市州中独一无二。特别是近些年来，黄石地区生产总值增速和规模以上工业增加值均名列全省前茅，每年企业用工缺口在 3 万人以上。工业经济是黄石职业教育的最强底色和发展源动力。

黄石建设产业学院还有充足的阳光：国家职业教育改革的黄金机遇和黄石市委、市政府的大力支持。我们说有"四个前所未有"：国家对职业教育的地位提升前所未有，黄石产业对技术技能人才的需求前所未有，市委、市政府对职业教育的重视程度前所未有、全体师生员工谋求发展的信心和决心前所未有。特别是黄石市原市委书记董卫民一年中三次到学校调研，2021 年《黄石市政府工作报告》5 处提到职业教育，这在黄石职业教育发展史上是前所未有的。为了支持学校发展，市委、市政府投资 30 亿

元，按照在校生 1.5 万人、占地 947 亩、建筑面积 49 万平方米的规模在国家级开发区建设新校区。职业教育创新发展的良好社会环境和强大支撑体系逐步形成。

产业学院发展还要有无处不在的空气：黄石人民身上都流淌着工业的血液，往上一到两代人，黄石城区的居民都是工人，连放牛的农民都知道山上哪里有矿，崇尚劳动、崇尚技能的意识已深深融入了黄石人民的基因里。

2. 产业学院的定位：根植黄石工业，服务黄石工业

产业学院的建设一定要小切口、定位精准、精耕细作，切忌大而全、眉毛胡子一把抓，所以湖北工程职业学院把产业学院明确定位为立足黄石、依靠黄石、融入黄石、服务黄石。这既符合区域性办学导向，同时也是地方职业教育学院的现实选择。办职业教育一定要发挥政府主体职能，特别是地方院校，没有地方政府的大力支持，寸步难行。土地、资金、人员，甚至每一滴水、每一度电，政府各个相关部门需要充分协调。因此，办职业教育一定要主动站在全市的大局去思考，把职业教育作为市场要素来谋划，服务地方经济社会发展，有为才有位。

3. 产业学院的初心使命：立德树人、以职兴城

全国上下都在开展"不忘初心，牢记使命"的主题教育。那么职业教育的初心使命是什么？经过学校上下广泛讨论，湖北工程职业学院提出其职业教育的初心是落实党的教育方针，坚持立德树人，职业教育的使命是服务地方经济社会发展，坚持以职兴城，通过职业教育来服务推动黄石产业和企业发展。如何以职兴城呢？一是提供人才供给，为企业培养精准适用的技术技能人才。2020 年湖北工程职业学院高职毕业生留黄石就业率增长了 10 个百分点，达到 29%，2021 年达 38%；人才供给的另一方面就是职业培训，育训并举，社会培训规模不断加大，2020 年达到 12 万人日。二是坚持开门办学，举办黄石首届产教融合论坛，与 50 多家大型企业签订战略合作协议，对接黄石九大产业，调整学校专业。三是坚持科技服务，成立产业技术研究院、产教联盟、黄石市发明协会等平台，提升服务企业技术改造和产业转型升级的能力。

4. 产业学院的基本理念：开门办学、共建共赢

办职业教育一定要打破"闭关锁国""自娱自乐"的思想，要坚持开门办学、开放办学，坚持"校内""校外"两个校区办学和学校、企业两个主体育人的思路，打破校园的"围墙"和界限，把学校办进产业园，把专业建进产业链，把课堂搬进车间，让学校看起来像工厂，工厂看起来像学校，真正实现产教深度融合。办产业学院要有市场思维，不能仅仅考虑"学校要什么"，更要思考企业要什么、政府要什么、教师要什么、学生要什么，要善于协调各方利益，让各方共赢，构建政校行企利益链、情感链和价值链。

5. 产业学院的运作模式：搭建平台、整合资源、共建共治

整体来说，职业教育还属于弱势教育，特别是与本科教育相比，基础比较薄弱，手中的资源非常有限，必须借势借力，善于把政校行企各方的资源聚集起来，为我所用。因此，建设产业学院的关键，是要不断搭建平台，通过平台建设，把政校行企各方资源导入进来，紧紧地联结在一起，形成命运共同体。

黄石发展职业教育有一个最具优势的平台，就是鄂东职业教育集团。2015年7月，黄石市委、市政府对城区职业教育资源进行整合，由湖北工程职业学院牵头，组建鄂东职业教育集团。与一般职教集团或联盟不同，按照市编委"三定"方案，鄂东职业教育集团是公益二类事业单位，受市委、市政府委托，代表市政府履行出资人职责，承担政府举办职业教育职责，这种教育模式的集团在全国非常少见。目前集团的构建是一个集团、两个体系（学历教育和职业培训）、三个办学区域（分东区艺校、南区工程职院、西区城市职校）、四个办学层次（技校、中职、高职、本科）。2020年湖北工程职业学院召开全体中层以上干部大会，通过三天闭门会议，开展头脑风暴，提出了"集团统筹性、高职引领性、中职基础性的中高职集团化办学"的"三性一化"改革思路。通过"三性一化"改革，把政府、行业、企业、学校等各方面的资源整合起来，共同投入、共同建设、共同管理产业学院，共同分享产业学院建设成果。

（三）"黄石模式"现代产业学院建设的类型

产业学院的主要类型：校企共建型、政校企共建型、校行企共建型、

政校行企共建型。

（1）校企共建型：上达电子学院、冶金学院、环亚健康学院、鼎利产业学院。与上达电子股份有限公司合作，建立了上达电子学院；与大冶有色金属公司合作，成立了冶金学院；与黄石环亚美业集团合作，组建了环亚健康学院；与珠海世纪鼎利集团合作，共建了鼎利产业学院。

（2）政校企共建型：电子信息产业学院、智能制造学院。黄石是全国第三大 PCB 产业聚集区，2020 年 1 月学校与国家级开发区黄石开发区·铁山区，以及辖区内的 PCB 企业，签订合作协议，共建电子信息产业学院。智能制造学院由湖北工程职业学院与西塞山区政府、全国大型特钢企业新冶钢三方共建。

（3）校行企共建型：黄石建筑产业学院，是由湖北工程职业学院与黄石市建筑业协会，以及龙头企业扬子建安集团共同组建。

（4）政校行企共建型：港口物流产业学院，是由湖北工程职业学院与黄石市港口物流发展中心、黄石市物流协会，以及黄石新港、传化物流等大型企业集团，共同组建。

（四）"黄石模式"现代产业学院建设措施

湖北工程职业学院围绕产业学院怎么建，建什么，提出"六个一"主要措施。

1. 每个产业学院打造一至两个核心专业群

以前职业教育有个普遍现象：什么专业好招生，就开设什么专业，热衷于建综合性职业院校。这当然有现实考量，但是这只能解决生存问题，解决不了高质量发展问题。基于此提出职业院校走专业化、特色型发展的道路，切忌贪大图全。湖北工程职业学院是由四个学校重组而成，以前专业比较宽泛、多而杂，它的主要优势和核心资源是机械类和电子信息类专业，所以近两年学院对专业进行战略性的布局调整，该砍的砍，该合并的合并，该改造的改造，集中资源，重点建好机电工程类专业。在机电工程类专业中，又重点专注几个方向：机械自动化、信息化、数字化、智能化等。基于此重新设立了智能制造学院、工业互联网学院、交通物流学院、电子信息学院等 11 个二级学院，包括建筑与环境艺术学院，也在向建筑工程自动化和智能化方向转型发展，围绕机、电、网做文章，在人、财、物等方面，集中资源建设。实践证明，这个思路是对的，这几年学院国家级、省级的品牌专业、技能大赛和教学成果基本都是出自这几个专业。

办产业学院更是如此，学院规定，一个产业学院只能办 1~2 个核心专业群，培育一个核心专业群。聚焦主营业务，按照产业企业的需求，集中资源，办优势专业，做精做特，打造核心竞争力。

2. 每个产业学院对接黄石一个产业、对接一批龙头企业

服务对象产业化是产业学院的基本特色。湖北工程职业学院的 11 个产业学院不是无中生有、凭空想象的。每个产业学院都对接黄石一个主导产业，与一批龙头企业合作，联合招生，联合培养，共同办学，共建专业、实训基地、双师团队、教学资源库，以项目实战和课证融通的教学模式，定制化培养企业需要的技术技能人才。

3. 每个产业学院聘请一批行业内领军人物，创办大师工作室，培育一个教学团队

2021 年，湖北工程职业学院拿出 500 万元专项资金，聘请企业领军人才和技能大师。第一种方式是"引"，把专家及其团队引进学校建工作室，比如，工业互联网产业学院就引进了人工智能图像识别引领者、清华大学博士、留美归国专家陈友斌，学校建立了陈友斌博士工作室，他的团队核心成员常驻学校。除此之外，还建立了黄晖博士工作室、周显敬博士工作室，他们都是行业内顶尖级的领军人物。第二种方式是"聘"，比如聘请了三环锻压设备有限公司总工程师、全国机械工业劳动模范周红祥，湖北工匠宋幸福，刺绣大师刘小红为学校的兼职教师，在学校建立技能大师工作室。第三种方式就是"请"，邀请业内专家担任产业学院的顾问、特聘专家，每年固定来学校 3~5 次，为产业学院的重大改革发展出谋划策，为学生上课。通过这三种方式，每个产业学院都聚集了一批领军人物、技能大师，通过他们把行业企业的资源带进来，通过混合编队共做项目，把学校的青年教师培养起来。

4. 每个产业学院组建一个产教联盟或行业协会

有些同志开始不太理解，一个学校去建行业协会，有没有必要？可不可行？实践证明，组建行业协会、产教联盟，政府支持、企业积极、学校

成长，多方受益，效果很好。通过组建行业协会、产教联盟，经常组织一些活动，可以把企业聚集起来，增进交流合作，抱团取暖，企业乐意；行业协会具有政策咨询、市场调研、标准制定、资格审定等很多主管部门的行政职能，学校组建行业协会、产教联盟，可以承担很多政府部门和第三方的职能，增强学校的影响力。比如，湖北工程职业学院组建了黄石市港口物流产教联盟、黄石市建筑产教联盟、黄石市发明协会，把政府部门、企业的很多资源都带进来了。

5. 每个产业学院成立一个产业技术研究机构

职业教育在社会整个系统中，到底充当什么角色、承担什么职能？经过分析，其主要职能就是三项：教育、科技和国际交流。教育包括学历教育和社会培训，科技包括技术技能积累与创新和科学研究与技术服务，国际交流包括引进来和走出去（当然，职业教育还有政治、经济、文化、社会等多方面的价值，但是概括起来主要就是这三项）。在这三项职能中，科技职能最为薄弱。通过成立产业技术研究机构，可以加快培育产学研力量，增强产业服务能力。比如，2019年11月14日，湖北工程职业学院成立了工业互联网产业技术院，这在全国高职院校中应该是第一家。黄石是中国工业互联网创新发展大会永久会址，传统工业数字化转型的市场需求非常巨大。在研究院的建设过程中，始终聚焦企业转型升级中遇到的痛点、难点、堵点问题，专注于工业互联网产业的技术开发和转化应用，不搞基础研究和理论研究，围绕智库服务、科技创新、产业聚集和人才培养四大功能，培育了图像识别、大数据应用、工控安全、物联网、工业机器人五个技术团队，建设了智库、评价、培训、交易、孵化五大公共服务平台，申报了8项国家和省部级课题，发布了工业互联网发展蓝皮书。在黄石首届工业互联网创新发展云上研讨会上，中国工程院邬贺铨院士作报告，工信部原副部长刘利华亲自到研究院调研指导，在行业内产生巨大影响。

6. 每个产业学院联合一批企业实施政校行企合作办学，开展企业员工学历和技能双提升行动

2018年，学校与上达电子公司合作，承担湖北省首批政校行企联合办学试点，组建了新型学徒班。学员为企业在职员工，同时注册为学校学

生、白天上班、晚上上课、旺季生产、淡季学习，实行弹性学制，6年内完成学分即可拿全日制大专文凭，实现了招工即招生、入校即入企。这种合作模式很好地解决了学校招生难、学生就业难和企业稳工难的结构性矛盾。学校完成了扩招任务，学生毕业不愁工作，上达电子公司人力资源成本降低了45%以上。2021年，学校积极承担高职扩招任务，每个产业学院对接一批龙头企业，大力开展联合招生、联合培养。

"六个一"建产业学院，把职业教育和政府、行业、企业资源整合起来，实现了管理精细化、校企对接精准化和人才培养优质化。

（五）"黄石模式"现代产业学院建设保障机制

产业学院建设是战略性系统工程，全校参与、人人有责，一定要建立强有力的保障机制和支撑体系。

1. 责任机制

（1）产业学院建设的主体责任在二级学院，要加强二级学院改革，简政放权，资源下沉，增强二级学院办学自主权，把二级学院推向社会，激发办学创新活力，承担产业学院建设发展的主体责任。

（2）二级学院书记、院长要带头，要经常研究政策、分析形势、调研产业。

（3）教研室主任、专业带头人、骨干教师是产业学院建设的主体，要发挥骨干支撑作用，形成团队，带动广大教师参与产业学院建设具体项目。

（4）校企合作办（产学研工作处）牵头，要做好统筹协调和指导帮助；教务处、继教处、招生办、人事处分工协作，协助做好专业建设、职业培训、联合招生和企业专兼职教师队伍建设等工作；"两办"要做好督办和通报；质量管理处负责质量考核；其他部门根据职责，要全力配合。

2. 奖惩机制

按照教师"三个能力"（教学、科研、服务能力）建设要求，完善绩效工资分配方案，绩效考核向科研和社会服务倾斜。建立首席技能名师、社会服务之星评选制度，大力表彰和宣传在产教融合中取得突出成绩的教职工，让真正参与产业学院建设的教职工有"明星"般的获得感和成就感。

3. 考核制度

把"六个一"达成度作为考核二级学院的重要指标，与经费挂钩；把"六个一"作为干部选拔任用的重要参考，重用善于与企业打交道的党员干部；把社会服务能力和"六个一"参与度作为教研室主任、专业带头人、骨干教师的重要考核指标，在职称评定、岗位晋级、评先评优、挂职交流、考察学习等方面重点考虑；把产业学院建设作为专任教师的必修课，在职称评定、岗位晋级中实行一票否决制。

三、现代产业学院建设的典型模式分析

（一）上达电子学院

在国家大力发展职业教育的政策支持下，湖北工程职业学院紧密对接黄石产业发展需要，积极推进校企合作，与上达电子（黄石）股份有限公司于2018年1月携手共同创立了黄石市第一家产业学院——上达电子学院。在校企双方的共同领导下，以习近平新时代中国特色社会主义思想为指导，紧紧围绕职业教育服务地方经济建设发展，集团提升人力资源规模水平的目标，坚持撸起袖子加油干，打造校企合作新型学徒制培养模式。上达电子学院的建立为黄石职业院校实现产教深度融合探索出了一条可复制、可推广的新路径。

1. 上达电子学院目标与定位

上达电子学院坚持"突出区域性、强化实践性、体现高教性"的办学方针，以现代学徒制、新型学徒制为创新点，积极构建"与区域经济互动、与行业企业共赢——产学研创相结合"的办学模式。坚持立足地方、服务地方，致力于为电子及电子信息行业培养德智体美劳全面发展、具有创新精神和实践能力、富有较高职业技能和良好职业素养的技术技能人才和高质量管理人才，形成支撑黄石产业转型升级的智力支持体系，完善支撑区域经济社会发展的创新创业人才培养体系，构建支撑黄石创新驱动战略的科技服务体系，推动湖北工程职业学院综合实力、区域竞争力、服务

创新发展能力跃上新台阶。

新组建的上达电子学院，以光电子产业等新型产业为主攻方向，带动了湖北工程职业学院电气及电子信息类专业水平、创新服务能力整体提升，为湖北地区产业转型升级、区域经济社会发展和黄石创新驱动战略提供了智力支持和人才支撑。

2. 上达电子学院运行与保障

上达电子学院根据校企双方签订的合作协议，组建了校企双方主要负责人参与的理事会，制定章程，联合选聘学院院长、副院长，成立学院办公室，组建专业建设指导委员会，邀请校内外专家组对上达电子学院的人才培养方案及后续发展计划进行了仔细的分析与研讨，形成专业建设发展规划。

2018年，上达电子学院组建后第一年招生244人，截至2021年4月，上达电子学院学生人数达到873人，其中实施政校行企单独招收企业在岗员工200人。上达电子学院按照新型学徒制要求实行校企双主体育人，在同一学院、同一企业的合作下形成理论+实践、工学交替、学生与学徒双重身份一体化的育人模式。

为确保人才培养质量，湖北工程职业学院为上达电子学院配备了充足的师资力量，并且每年配套不低于100万元的经费，用于上达电子学院开展专业建设、师资队伍建设和实训设施建设等。上达电子（黄石）股份有限公司每年出资60万元，设立共建基金，用于上达电子学院学生开展特色活动、实施人才培养、教材开发等。

同时，上达电子（黄石）股份有限公司为上达电子学院的学生设立了专项资助与奖励计划。如凡上达电子学院学生，签订工学交替协议，参加企业顶岗实践，就能得到上达电子（黄石）股份有限公司提供的全额学费资助。设置了专项奖学金项目，对于表现优秀，为学院争光的学生或集体进行表彰奖励。设立了综合奖学金项目，对于品学兼优的学生进行评定后授予奖励。设置了助学金项目，对于家庭困难的学生提供相应的帮助。

与此同时，上达电子学院还为学生安排参加了各类科技活动、社会实践、创新创业活动以及各类技能大赛等（表6-1），努力提高学生的动手能力以及综合素质，确保学生在上达电子学院中能够学好知识，学到相应的能力，在校内充分感受到知识带来的力量。

表6–1　2018—2021年上达电子学院已开设活动一览

活动时间	活动内容
2018年5月	首届"上达杯"学生电子技能大赛
2018年6月	拜师礼活动
2018年10月	"上达杯"篮球赛
2018年12月	"上达之夜"迎新联欢会
2019年5月	第二届"上达杯"学生电子技能大赛
2019年6月	上达奖学金评定活动
2019年10月	拜师礼活动
2019年11月	上达奖学金评定活动
2019年12月	"上达之夜，共创未来"元旦晚会
2020年11月	拜师礼活动
2020年12月	"上达之夜"迎新晚会
2021年4月	"上达杯"篮球赛
2021年4月	第三届"上达杯"学生电子技能大赛

3. 上达电子学院合作与共赢

（1）联合提升在职员工学历。2019年、2020年上达电子学院共招录在职学员200人，注册高职学籍，按照新型学徒制要求，实行校企双主体育人试点。实现招工即招生、员工变学生、在企即入学、送教到企业，为上达电子稳岗、提升在岗职工技能提供了一条有效途径。

（2）联合开展课题研究。以上达电子学院共建模式为研究对象，以"对接印刷电路板产业链　产教深度融合的校企命运共同体建设研究"为题，积极申报国家级和省级科研课题。

（3）联合开发教材。《挠性印制电路生产技术》《挠性印制电路生产标准》2部自编教材已经完成编印，并在内部试用。

（4）联合育人见成效。自2016年开始，上达电子（黄石）股份有限公司接纳湖北工程职业学院学生的各类型实习实训（表6-2），累计达1 694人次。

表6-2 2016—2021年学生实习、就业情况

班级	实训类型	人数
2014级机电、机电维修、电气、电子专业	跟岗实习（教学实习）	182
2014级机电、机电维修、电气、电子专业	顶岗实习	68
2015级机电、电气、电子专业	跟岗实习（教学实习）	155
2015级机电、电气、电子专业	顶岗实习	70
2016级机电、物联网、工业机器人、电气、电子专业	跟岗实习（教学实习）	126
2016级机电、物联网、工业机器人、电气、电子专业	顶岗实习	69
2017级电气、电子专业	认知实习	127
2017级电气、电子专业	跟岗实习（教学实习）	116
2017级电子、工业机器人、物联网专业	跟岗实习（教学实习）	52
2017级机电、物联网、工业机器人、电气、电子专业	顶岗实习	75
2018级机电、电气、电子专业	认知实习	132
2018级机电、电子、机器人专业	跟岗实习（教学实习）	158
2018级机电、物联网、工业机器人、电气、电子专业	顶岗实习	90
2019级机电、电子信息、工业机器人专业	认知实习	80

续表

班级	实训类型	人数
2019级电气、机电专业	跟岗实习（教学实习）	97
2020级电子、电气、自动化专业	跟岗实习（教学实习）	97
	合计	1 694

4. 上达电子学院发展愿景

黄石PCB产业产能总规模超过2 000万平方米/年，成为华中区域PCB产业综合实力最强、产能规模最大、集聚程度最高的地区，也是继珠三角、长三角后国内第三大PCB产业集聚区。2015—2020年，黄石电子信息产业产值年均增长31%，增幅高于同期工业经济增长15个百分点。根据规划，2021年，黄石电子信息产业产值力争超过1 000亿元；到2025年，力争打造成黄石第一支柱产业。强劲的产业发展势头，带来了对技术技能型人才需求的快速提升。作为黄石唯一的高职学院，湖北工程职业学院将主动作为，以上达电子学院为载体，形成专业人才聚集，全力提升专业建设内涵，实施中高职衔接，持续扩大招生规模，发挥校企协同育人的优势，持续开展新型学徒制试点，面向黄石同类企业提供形式多样的订单式培养、委托式培养、定制化培训等服务。到2025年，该专业群形成2 000人以上的办学规模，能持续稳定地为黄石PCB产业提供人才保障。

（二）电子信息现代产业学院

湖北工程职业学院与国家级开发区黄石开发区·铁山区，以及辖区内的PCB企业，共建政校企共建型产业学院——电子信息现代产业学院。

开发区·铁山区与湖北工程职业学院共建电子信息产业学院，双方合作由点到面、由校企合作到政校行企四方联合，由开发区·铁山区委、区政府统筹区域内PCB企业，与学校共办电子信息产业学院、电子信息产业技术研究院、PCB产品检测中心和欣益兴订单班，共建生产性实训基地、技能提升培训基地，共育产教融合型企业和无缝对接的技术技能人才。电子信息现代产业学院是政校行企携手共建、深度融合的又一创新，是贯彻落实全市教育大会精神的一大创举，是黄石职业教育发展史上具有里程碑意义的标志性事件，开创了黄石产教融合历史的先河，充分显示了开发区·铁山区委、区政府主要领导对职业教育的关心和支持，对企业的无微不至的关爱和雪中送炭式的扶持。

新时代，新模式，新机遇，同时也对现代产业学院建设提出了新要求。学校与企业将履行和落实双方签订的协议内容，主动作为，奋力担当，把高职院校搬进开发区，把专业建到产业链，把课堂搬进车间，把教学放到生产线，深化产学研合作，优化专业布局，为开发区·铁山区企业培养数量更多、技能更强、素质更优的技术技能人才，提供更加实用、精细的技能培训和科技创新服务，推动和引领电子信息产业的跨越式发展，为开发区·铁山区打造全市产业发展聚集区、城市发展核心区、绿色发展示范区贡献职教力量和职教智慧。

（三）智能制造学院

湖北工程职业学院与西塞山区政府、全国大型特钢企业新冶钢三方打造政校企共建智能制造学院。2019年11月14日，湖北工程职业学院与工信部、信通院、信通传媒等合作，在中国工业互联网创新发展大会上，成立黄石市工业互联网产业技术研究院，这在全国高职院校中尚属首家。它立足于黄石制造智能化升级改造的巨大市场，依托中国工业互联网创新发展大会的永久会址，引进一批高精尖人才，做大做强工业互联网专业群，培养更多技术技能人才，为黄石工业信息化转型播撒"种子"；着力加强科研成果和技术转化应用，打造达到省级乃至国家级示范性标准的"人工智能+工业物联网"科研创新平台，开展"5G+工业互联网"公共服务平台建设，为黄石产业智能化转型升级提供技术支持和解决方案；积极承担社会服务功能，统筹开展全市两化融合管理体系贯标和认证工作，加快黄石工业互联网发展，推动工业经济提质增效；组建全国青少年人工智能技术水平测试人才培养基地，加大工业互联网知识的宣传和普及教育，为把黄石建设成为全国工业互联网创新发展示范区提供智力支撑和人才支持。

（四）黄石建筑现代产业学院

2020年6月18日，湖北工程职业学院与黄石市建筑业协会，以及龙头企业扬子建安集团共同组建黄石建筑现代产业学院。建筑产业是黄石市支柱产业，关系到社会民生发展需要。黄石市建设发展，特别是建筑产业转型升级，需要大量建筑专业技术技能人才。同时，黄石市工业遗产、古民居和红色革命建筑等保护性建筑资源丰富。为贯彻落实市委、市政府"打造历史文化名城"战略部署，加强文化遗产保护，继承和弘扬优秀传统文化，湖北工程职业学院联合政府、企业共同建设黄石建筑产业学院和鄂东南保护性建筑数据中心，用三维激光扫描技术建立数据模型档案，为保护性建筑相关工作提供技术支撑，为推动建筑业转型升级与发展提供人才保障与智力支持。近年来，黄石城市建设突飞猛进，湖北工程职业学院根植黄石建筑行业，对接建筑企业，大力发展建筑类专业，建成了黄石目前规模最大的建筑学院（全日制在校生达1 500余人）和3 000平方米的国家级建筑工程施工实训基地，特别是创新性地利用三维激光扫描技术对黄石地区4个国家传统村落进行测绘，建立数字化文物档案。在服务黄石建筑产业发展方面，湖北工程职业学院有基础，有经验，有信心，更有决心。

黄石市工业遗产保护中心作为全市工业遗产保护与利用的管理机构，是黄石人民"乡愁"的守护者。扬子建安集团是全国质量管理优秀企业、湖北建筑行业的明星企业、黄石的龙头企业；神州建材是湖北省首届科技创新型企业，产品质量和生产规模均遥遥领先省内其他企业；殷祖古建声名远播，是全国古建筑"十强"企业，是黄石的一张名片。今天，政府、学校、行业、企业亲密合作，签订校企合作协议，共办黄石建筑产业学院，共建鄂东南保护性建筑数据中心，共享建筑人才培训基地，共育建筑专业技术技能人才，这是贯彻落实习近平总书记深化产教融合、大力发展职业教育指示精神的重大创举，是执行市委、市政府"五城建设"重大战略部署的重要举措，也是政府、学校、行业、企业携手共建，推进"产、城、教"一体化发展的又一创新。

四、展望未来

新一轮科技革命和产业变革正在与我国加快转变经济发展方式形成历史性交汇，国家创新发展和产业升级对人才的迫切需求前所未有，高等教育创新变革正当其时。随着一批高校在组织机构、管理机制、评价机制、人才培养模式等方面深化改革，创建现代产业学院、行业学院、未来技术学院、交叉研究院、新兴领域专业学院、技术推广中心、创业学院等新的大学内部组织，同时加速传统学院的改造升级，高等教育创新变革必将由渐变到质变，产生一批有新内涵、有国际竞争力的大学，真正立于第四次工业革命的时代潮头，推动并影响新一轮产业变革，推动并支撑民族走向强盛的历程，以新一代人才提升民族未来的国际竞争力，以高等教育创新为民族复兴奠基铺路。

现代产业学院，以往多出现在应用型本科高校，如今在湖北工程职业学院悄然兴起，为地方城市和产业发展服务，是职业院校的重要使命，要做到"当地离不开"，湖北产业需要什么，职校就教什么。

湖北是职业教育大省，黄石更是湖北省的职业教育重要堡垒，湖北工程职业学院教育质量不断提升，为全省经济社会发展提供了有力的技术技能人才保障和智力支撑。

第七章　以学生为中心：树立"三好"育人理念

为深入贯彻习近平新时代中国特色社会主义思想，特别是习近平总书记关于教育的重要论述，认真落实全国教育大会、全国高校思想政治工作会议和湖北工程职业学院思想政治理论课教师座谈会精神，推动高校领导干部落实立德树人根本任务，切实履行办学治校、育人育才、维护稳定的政治责任和领导责任，2019年教育部制定了关于《中共教育部党组关于加强和改进高校领导干部深入基层联系学生工作的通知》，湖北省教育厅对文件内容进一步细化出台《关于做好联系学生服务学生工作的提示》文件。紧紧围绕"培养什么人、怎样培养人、为谁培养人"这一根本问题，湖北工程职业学院着眼增强思想政治工作亲和力，着眼加强干部队伍作风建设，着眼维护学院政治安全和意识形态安全，建立健全学院、部处、院（系）领导干部深入基层联系学生制度，促进各级领导干部把工作重心下移到基层单位，工作重点放到学生思想政治工作上，体察校情、关爱学生、答疑解惑、解决问题，推动形成育人合力。

重点任务是"五帮五促"：一是思想解惑促成长；二是心理解压促健康；三是学习解困促提升；四是生活解难促信心；五是就业解忧促发展。要覆盖全体学生，聚焦特殊群体，尤其是对有特殊困难的学生，要采取"一对一""团队协作"等多种方式，进行精准帮扶。

湖北工程职业学院高度重视教育部、湖北省教育厅等文件要求，坚持和加强党对职业教育事业的全面领导，落实立德树人根本任务，推进"三全育人"，践行"学习好、生活好、就业好"的"三好"育人理念，2019年起，湖北工程职业学院通过在全校开展"校领导联系二级学院、中层干部联系班级、党员联系宿舍、教师联系学生"（以下简称"四联"）活动，充分发挥湖北工程职业学院领导干部和广大党员教师管理育人、服务育人的作用。"四联"活动机制以学生为中心，服务建设"三好"，推动湖北工程职业学院高质量发展。

一、"以学生为中心"理念的含义

"以学生为中心"的教育理念于1998年由联合国教科文组织明确提出，并写进《世界高等教育宣言》（以下简称《宣言》）。《宣言》指出：在当今日新月异的世界，高等教育最需要以学生为中心的新视角和新模式。该理念起源于建构主义理论，强调以学生的学习和发展为中心，实现从以"教"为中心向以"学"为中心的转变、从"传授模式"向"学习模式"的转变，同时从原本的"教师、教材、课堂"向"学生、收获、体验"递进，从而提高学生的学习质量，并全面提升学生的知识、能力和素质。

二、"以学生为中心"的现实意义

（一）以学生为中心是时代对现代高校的要求

湖北工程职业学院的决策者，把学生及其需要作为关心的重点：把学生视为教育改革的主要的和负责的参与者，包括参与湖北工程职业学院重大问题的讨论、评估、课程与内容改革、制定政策与院校管理等。以学生为中心的新理念，必将对高等教育产生深远的影响。这标志着以学生为中心成为高等教育发展的指导思想，成为现代大学的办学准则。高等教育面对激烈竞争，迎接严峻挑战，越来越多的大学开始注重以学生为中心。从积极的意义看，这是一个好的发展态势，对整个高等教育的健康发展会产生不可估量的促进作用。

（二）以学生为中心是我国高等教育发展对现代高校的要求

大学生们有许多的问题需要在大学里找到答案，多样化的素质需要在大学里培养，而大学的领导者和教师必须对学生的需求给予满足，指导学生对所需的问题找出答案。所以，高校不能让学生把问题带进大学里来再让学生把问题带出大学。这就要求高校应全面坚持以学生为中心的办学思想，将以学生为中心作为教育思想的核心。从这个意义上讲，必须将以学生为中心作为高校最具有核心价值的教育思想。政府和社会办大学的目的就是培养学生。我们的高校所办的一切事业，一切体现国家和民族意志的落脚点都在学生身上。

（三） 以学生为中心是高校提升核心竞争力的要求

纵观高校的办学思想定位，各有特色，但要确定一个具有先进、实用、有效的办学思想，体现高校的本质特点，发挥现代大学引领时代发展、为社会服务的功能，现代大学的办学思想只能是以学生为中心，以学生的质量为评价高校的重要依据。湖北工程职业学院所抓的一切工作、一切活动都要围绕学生进行，湖北工程职业学院的办学目标及结果的检验都要落到学生身上。由此可见，以学生为中心是高校提升核心竞争力的要求。

（四） 以学生为中心是高校满足当代学生自身发展的要求

在社会对当代大学的许多期望中，最重要的就是大学能教好学生，对学生负责，这是大学的主要使命。大学是人才培养机构，以学生为中心，培养高质量人才，是大学的基本使命。以学生为中心，明确了湖北工程职业学院和学生的关系，从一定意义上说，湖北工程职业学院是输出方，学生是输入方；湖北工程职业学院改革的目的在于完善自身的培养模式，教育教学方法要适应学生发展的要求。

三、以"四联"为抓手，以学生为中心，落实"三好"建设

自2019年起，湖北工程职业学院出台了《湖北工程职业学院关于开展"四联"活动的实施方案》具体细则。湖北工程职业学院通过在全校开

展"校领导联系二级学院、中层干部联系班级、党员联系宿舍、教师联系学生"活动，充分发挥湖北工程职业学院领导干部和广大党员教师管理育人、服务育人的作用。

（一）"四联"工作具体任务和主要内容

1. 校领导联系二级学院

根据湖北工程职业学院统筹安排，校领导每人联系一个二级学院，指导所联系的二级学院加强干部队伍建设和基层党组织建设，落实全面从严治党各项责任，保障湖北工程职业学院重点工作在二级学院的贯彻实施，促进人才培养质量的不断提高。

主要工作内容：①每学期听取二级学院党建和党廉政建设情况汇报，指导二级学院开展党建和党风廉政工作；②每学期至少与二级学院的领导班子成员进行1次谈心谈话，与教职工开展谈心谈话2~3人次，到支部讲党课不少于1次，到班级讲1堂思政课或形势政策课；③定期了解湖北工程职业学院重点工作在二级学院进展情况，督促二级学院按要求完成湖北工程职业学院重点工作；④经常性地深入所联系二级学院的教室、教师办公室、学生宿舍，了解二级学院师生的学习和生活状况，每学年解决师生的实际困难1~2个；⑤每学期深入课堂听课不少于4节，每学年有针对性地开展调研活动1次，形成调研报告1份；⑥督促和指导二级学院开展教师联系学生工作。

2. 中层干部联系班级

中层干部每人联系一个班级，联系时间自联系之日起至班级离校进入顶岗实习时止。以创建优秀班级为目标，协助辅导员、班主任开展思想政治工作和班级管理工作。

主要工作内容：①中层干部要加强与联系班级辅导员、班主任、学生干部的沟通和交流，定期深入联系班级，了解学生的思想、学习、生活、心理健康以及班风学风等情况，及时掌握他们关心的热点、难点问题，引导学生树立正确的世界观、人生观和价值观。指导团支部班委会开展工作，每学期到联系班级参加主题班会和主题团日均不少于1次。②加强联系班级入党积极分子的培养和管理工作，协助做好班级学生的思想政治教育工作，每学期与班级学生个别谈心谈话不少于8人次。③每月到联系班级听课不少于1次，通过听课了解教师的授课情况和学生的学习、思想情况，及时将有关情况向辅导员、班主任或有关部门反映。④每学期在支部主题党日活动中交流联系班级工作情况不少于1次。⑤每学期至少给学生讲1堂思想政治理论课或形势政策课。

3. 党员联系学生宿舍

每位党员联系一间学生宿舍，联系时间自联系之日起至班级学生离校进入顶岗实习时止。指导所联系宿舍以创建文明宿舍为目标，开展宿舍安全稳定、环境卫生、民族团结和学风室风建设等工作，及时向辅导员、班主任和相关部门反馈宿舍有关情况。

主要工作内容：①每月至少到联系学生宿舍走访1次，了解学生的生活学习状况，指导学生开展文明宿舍创建工作；②每学期至少开展1次以宿舍为单位的集体活动；③每学期与宿舍的每位学生至少开展1次谈心谈话，认真做好学生思想政治教育工作；④指导宿舍团小组工作，引导学生增强自我管理意识，提升自我管理能力，养成良好的行为习惯；⑤每学期帮助学生解决实际困难问题不少于1个。

4. 教师联系学生

每名教师要联系1名学生，联系时间自联系之日起至学生离校进入顶岗实习时止。

主要工作内容：①认真了解学生的基本情况，针对学生的实际情况，有针对性地制订帮扶计划，参与学生个人诊改，落实帮扶工作；②每月与联系学生至少开展1次谈心谈话，了解学生的思想状况和实际困难，并及时将学生的有关情况反馈给辅导员、班主任，协助辅导员、班主任做好联系学生的思想工作；③每学期至少参加1次联系学生所在的班级活动。

（二）以"四联"活动为平台，持续推进"三好"建设

通过搭建"四联"活动平台，让领导干部和教师深入班级、深入教

室,走进学生心里,真正把党的领导体现在日常、落实到基层,融入灵魂。

1. 搭建育人平台,实现学生安全、健康、成人、成才目标

(1)将思政工作融入"四联"活动中,引导学生扣好人生第一粒扣子。湖北工程职业学院坚持以立德树人为中心环节和落脚点,贯彻党的教育方针,深入推进全员全过程全方位育人,切实提升思政工作的"广度"和"深度"。"四联"工作覆盖了全体党员干部和普通教职工,涉及领导干部、专任教师、普通科员等不同岗位,在联系基层、服务学生过程中,做好学生思想政治教育工作,营造出合力育人、协同育人的良好氛围,增强各类群体合力推动育人工作的自觉性和责任感,实现党委"安全、健康、成人、成才"育人目标。

(2)建立常态化疫情防控"四联"包保责任制,确保学生在校安全健康。新冠肺炎疫情肆虐以来,湖北工程职业学院第一时间启动"四联"包保责任制,动员全体教职工联系所在班级、宿舍的学生,询问学生身体健康状况、督促学生如实填写身体健康信息,实行"日报告""零报告"。在疫情转入常态化防控阶段后,根据教育部、省教育厅等部门要求,落实疫情防控"哨长制"要求,制定了《湖北工程职业学院疫情常态化防控"四联"包保方案》,以宿舍为最小单元,实现学生包保全覆盖。

(3)以"四联"提升党史学习教育成效。将"四联"活动与党史学习教育相结合。通过校领导联系二级学院、中层干部联系班级、党员联系宿舍、教师联系学生,落实党史学习教育活动相关要求,抓实抓细,为师生办实事解难题,以党员干部为师生办多少件实事,解决基层多少个问题作为衡量"四联"活动成效的重要标准。党史学习教育期间,党员领导干部、普通教师等共为师生解决实际困难问题113件。

2. 拓展平台功能,推进党建与业务相融合

(1)聚焦中心工作,推进重点工作、重点项目进展。为践行"以职兴城"的使命担当,为地方经济社会发展提供人才支撑和智力支持,2020年,湖北工程职业学院将毕业生留黄石就业率作为十项重点工作之一,实行目标管理。为此,相继出台了《湖北工程职业学院2020届毕业生留黄就业"四联"工作方案》《湖北工程职业学院党员领导干部深入二级学院

服务 2020 届中职毕业生工作方案》，用"四联"工作机制服务湖北工程职业学院高质量发展，毕业生本地就业率在湖北省地方高职院校中名列前茅。

（2）聚焦治理能力建设，提高湖北工程职业学院治理能力和水平。党的十九届四中全会、省委十一届七次全会和市委十三届十一次全会精神对推进国家、省域、市域治理能力现代化提出了不同层次和具体的要求，为落实上级部门相关要求，推进湖北工程职业学院治理体系和治理能力现代化建设，湖北工程职业学院以"四联"活动为抓手，广泛征求学生及家长、一线教职工、合作企业等不同对象的意见建议，收集了在党建引领、学生培养、开门办学、人事制度改革等方面的意见建议 30 余条。其中，为提高重点项目、重视事项督办落实力度，2020 年，湖北工程职业学院相继出台了提升工作效能暂行办法、党委会规范流程的通知等文件。

（3）聚焦作风建设，营造浓厚干事创业氛围。湖北工程职业学院把"四联"活动作为查找和解决基层工作问题的重要途径，注意听取师生的意见建议，使湖北工程职业学院各基层党组织成为宣传党的主张、贯彻党的决定、领导基层治理、团结动员师生、推动湖北工程职业学院改革发展的坚强战斗堡垒。通过"四联"活动，进一步查摆一批官僚主义、形式主义作风问题，使师生关切的问题得到了妥善的解决。

3. 建立保障机制，确保"四联"活动取得成效

（1）将"四联"工作纳入党建年度目标考核体系。制定并印发了年度党委工作要点、党建思政工作要点，对"四联"工作进行了总要求、总部署，纳入各党组织年度目标考核体系；按照"四联"工作标准化、规范化建设要求，拟定了"四联"规范化建设方案，指导各基层党组织开展"四联"工作。

（2）实行"四联"活动日常监督检查。校党委组织部将"四联"工作与湖北工程职业学院重点工作结合起来，并纳入支部主题党日活动之中，同时开展各支部主题党日轮流观摩活动，提高党建活动质量。湖北工程职业学院党委组织部每半年至少组织一次"四联"工作台账检查，确保活动走深走实。

（3）及时调整"四联"工作重点和目标。为进一步提高"四联"活动质量,适应湖北工程职业学院发展要求,打造党建与思政品牌,助推湖北工程职业学院"双高"建设目标和"十四五"规划,制定《"四联"工作提质增效工作方案》,针对前期"四联"工作开展情况,及时查漏补缺,补齐短板,助力湖北工程职业学院快速发展。如大力开展技能提升行动,开展职业培训,进一步提升企业用工质量。

(三)"四联"建设具体分工

湖北工程职业学院以学生为中心,以服务学生为己任,认真履行立德树人根本职责,落实全面从严治党各项工作要求,领导干部以身作则,充分发挥带头作用,党委班子针对不同的联系对象,制定相应的工作方案,有针对性地开展联系工作。湖北工程职业学院"四联"活动为师生办实事清单如表7-1所示。

表7-1 湖北工程职业学院"四联"活动为师生办实事清单

序号	姓名	办实事项目名称	办实事内容	办实事措施	责任部门及个人
1	刘海平	白马公寓、香樟公寓长期供水水压不足问题	解决师生生活上存在的困难	对学校宿舍等基础设施进行全面检测,及时更换不能满足使用要求的老旧设备,配齐配全学生基本生活设施	基建与后勤管理处 郭煌
2		学生窗口米饭随意涨价问题	解决学生生活上存在的困难	与负责人进行谈话,价格恢复到之前水平	
3	郭少军	让校园夜间亮起来,让学生从宿舍里走出来	在校园公共区域增加照明灯	按要求增加照明灯,改造老旧灯光	基建与后勤管理处 郭煌

续表

序号	姓名	办实事项目名称	办实事内容	办实事措施	责任部门及个人
4		改善职院代课教师办公条件	解决代课教师课间休息及办公地点	在各教学楼设置代课教师休息点，提供基本办公条件	职院教务处 周静
5	汪丽华	改善图书馆借阅条件	优化学生借阅手续，按需采购补充图书资源，优化图书馆阅读环境	1. 升级借阅系统并推广使用，努力推进集团院校图书资源共享 2. 举办校园书展，按照师生阅读要求采买图书 3. 完善图书馆，阅览室设施，提供优质服务	职院图书馆 明方胜
6		解决外聘人员入工会问题，发放相应的节目慰问物资	提高外聘人员福利待遇	让外聘人员成为学校工会的会员，春节期间给外聘人员发物资	
7	何仁山	解决外聘人员用餐补助问题	提高外聘人员待遇	每月给外聘人员一定的餐补费用	工会 张英波
8		工会纳入外聘人员发物资	提高外聘人员福利待遇		
9		落实校内停车难问题	改善校园环境	合理开发，分配校园停车位	工会和保卫处
10	方彤	新校区建设	争取地方债券资金3 000万元	争取地方债券资金3 000万元	

（四）"四联"工作考评办法

扎实推进"四联"工作是切实履行立德树人根本职责，落实全面从严治党各项工作要求，提升湖北工程职业学院思政工作质量的重要举措。从个人思想政治素养、任务量等方面加强对"四联"工作的考评管理。

要求每位教职工在思想政治方面：具有坚定的政治方向，与党中央保持一致，坚决维护党和国家的利益及湖北工程职业学院稳定。职业素养方面：坚持立德树人，熟悉学生思想政治教育、学生发展指导和学生事务管理的一般规律和有关规定，坚持运用马克思主义的基本观点分析问题、解决问题。师德方面：遵纪守法、爱岗敬业、为人师表，具有良好的思想道德品质。

要求每位教职工深入学院、班级、宿舍、学生的日常工作管理中，进行量化考核。在考核过程中，要以质和量相结合的原则，既注重工作量的大小，也注重工作质量的高低；要以点和面相结合的原则，既注重工作重点，也看工作整体；要以常规和创新相结合的原则，既看常规性的日常、专项工作，也看开拓性的特色工作；要以过程与结果相结合的原则，既看阶段性结果、最终结果，也看工作过程中的努力程度；要以重视绩效的原则，看实际取得的成绩和效果。

只有在多维度、多角度、大视野相结合的考核过程中，才能将"四联"工作扎实推进，落到实处。

四、"三好"育人理念的具体实践

（一）学习好

湖北工程职业学院以"四联"工作为抓手，以实际行动践行为学生服务的宗旨，让学生实现"三好"，促进学生实现全面发展。

习总书记说过："中国梦是每个中国人的梦，必须让每个中国人共同享有人生出彩的机会，共同享有与祖国和时代一起成长进步的机会。"按照习总书记这一要求，湖北工程职业学院针对学院经济困难、心理困难、学业困难、就业困难（简称"四困"）比例相对较高这一现实，为不让一个学生掉队,让每个学生在校学习期间都有获得感、成就感、幸福感,进而实现人生出彩的目标,全面开展走进学生心灵、了解学生思想、帮助学生解决实际困难为目标的"四联"工作(湖北工程职业学院领导联系二级学院、中层干部联系班级、党员联系学生宿舍、教师联系学生),通过深入细致的思想工作,务求实效的解决问题赢得了学生的信任,激发了学生的自信,重塑了学生的人生。

为确保"四联"工作落到实处,见到实效,湖北工程职业学院印制了《湖北工程职业学院"四联"工作服务手册》分别对领导干部、党员、教师的"四联"工作任务提出了明确要求。

1. 坚持问题导向,创建"四联"工作党建品牌初见成效

校党委书记刘海平深入所联系的二级学院,针对二级学院教师队伍建设、专业建设、教学和学生管理情况进行调研,针对调研中所了解到的问题,启动了二级学院教学和管理改革试点工作,在建筑与环境艺术学院、交通工程学院试行。针对基层党组织建设、教师成长发展特别是青年教师成长发展、职教评审及岗位晋级等大家关心的热点问题、焦点问题提出相关意见、部署工作安排。

经贸与信息学院党总支书记张继红勇挑重担,主动联系2018级会计1班。此前,该班旷课人数经常达到十几人,班级卫生无人做、纪律涣散。针对存在的问题,张继红同志长期坚持跟班听课、参加班委会,与学生干部以及退步学生交心谈心,协助开展班级文化建设和班规班纪建设。经过近3个月的持续工作,该班已基本无人旷课,教室卫生主动有人打扫,整洁干净。纪委副书记李伟同志从培养学生兴趣着手,帮助联系班级成立硬笔书法兴趣小组进而带来班风、学风好转,等等。所有的这些付出使所联系的班级取得良好效果。

党员教师杨雨联系学生宿舍,针对湖北工程职业学院禁止在宿舍乱拉电线、使用大功率电器的规定有学生表现出不满情绪的现象,及时在宿舍开展安全教育会议,通过讲解违规用电带来的安全隐患等知识,成功地消除了学生的困惑,化解了安全隐患。电气电子学院教师甘婷芳联系2018级应用电子1班学生梅帆。该生在入学第一年无视校纪校规、经常迟到或旷课,并因此受到警告处分。通过观察,甘老师发现该生喜欢唱歌,便以此

为切入点，鼓励并帮助他参加校园歌手大赛。该生参赛并取得较好成绩，以此为契机，甘老师多次与他交心谈心，帮助分析问题原因并提出整改目标和整改方案。该生变化很大，他从一名受处分的学生变成班级的团支部书记。还有通过帮助贫困生李泽慧申请爱心助学金从而使李泽慧克服因身体疾病而带来的巨大压力，成功走出阴影从而步入正常生活和学习轨道的何花老师，还有不厌其烦陪同学生黄鹏祥了解和掌握相关科学知识，帮助黄鹏祥成功克服身体运动障碍从而消除自卑、恢复自信的杜爱娟老师，等等，他们都是"四联"工作中涌现出的典范，他们的努力为"四联"工作增添了魅力，带来了实效，也为我们进一步做好"四联"工作增添了信心。

2. "四联"活动结硕果

宝剑锋从磨砺出。

在最新公布的2020年享受国务院特殊津贴专家中，湖北工程职业学院2004届中职毕业生、留校任教实训教师王有安成为黄石市最年轻的，也是黄石市职业院校第一个获此殊荣的专家。

国务院政府特殊津贴是国务院对于高层次专业技术人才和高技能人才的一种奖励制度，获得者被称为享受国务院特殊津贴专家。王有安，1988年出生，是湖北工程职业学院智能制造学院一名具有高级技师职称的普通教师，也是黄石市目前最年轻的国务院政府特殊津贴获得者。从一名中职生成长为高技能人才，王有安选择的是一条技能成才、技能报国之路。

吃得苦中苦，方为人上人。在王有安读中职时的班主任、湖北工程职业学院教师陈亚兰的记忆中，王有安不是成绩特别拔尖的学生，但是个非常踏实的孩子，特别能吃苦，于是她就推荐他当了劳动委员。这是个吃力不讨好的差事，每个星期都要安排同学对班级所负责的公共区域进行大扫除。不管是不是自己值日，王有安总是带头搞卫生。由此，他们班级的卫生保洁成为湖北工程职业学院的标杆。

2006年，湖北省举行数控技能大赛，湖北工程职业学院计划召回一批在外实习生，陈亚兰第一时间想到了王有安。当时有人提出质疑："这刚毕业出去的学生，吃得了这个苦吗？""王有安不是很优秀，靠不靠得住？"但陈亚兰坚持推荐王有安，只有她知道王有安能不能吃苦。王有安被召回校，面对老师的教诲，说得最坚定地一句话就是："老师，你放心，我能吃苦。"

彼时的王有安，正在武汉一家公司顶岗实习。他才去了1个多月，但很快从普车岗位调到了数控加工岗位。听到老师的召唤，他放下了手头的工作，返回了湖北工程职业学院。七八月是最炎热的时候，王有安从听课、实训、操作，再听课、再实训、再操作……一头钻进了高强度的训练中。王有安在一次次的选拔中脱颖而出，成为两名代表湖北工程职业学院去参加省赛的选手之一。第一次参加技能大赛，他发挥失常，只取得了全省第十八名的成绩。但这次大赛让王有安见识到了"山外有山，人外有人"，更坚定了学好技能的决心。

湖北工程职业学院数控加工是2000年筹办的，智能制造学院党总支书记王青云，是湖北工程职业学院数控加工专业的创始人。2006年湖北工程职业学院筹办了国家级数控实训基地，但基地实训教师非常短缺。王青云书记看到王有安这股不怕苦、不怕累、肯钻研的劲头，劝说他留校任教，而且实习工资只有500元，远不及企业的待遇。王有安看中学院的发展潜力，以及考虑到能进一步提升技能，就决定留下来任教。2006年9月，王有安留校，当上了实训教师。"要教好学生，必须有过硬的技能。"王有安不仅参加湖北工程职业学院的各类业务学习和培训，还利用课余时间学习数控专业的相关软件，不断地用专业知识和专业技能武装自己。

把一件事情做到极致，胜过把一万件事做得平庸。王有安的职业技能等级跳跃式晋升，从2006年中职毕业的一名中级工，到2012年就晋升到了高级技师，王有安只用了短短6年时间。而普通人若按照程序晋升，可能需要花十几年时间。青春奋斗正当时。王有安提升技能的同时，还在不断提升自己的学历，先后通过成人自考，获得了大专、本科文凭。王有安拓宽参赛领域，探索不同参赛工种，从最初的数控车工跨越到加工中心、CAD/CAM、数字化设计与制造、工业产品数字化设计与制造。

2007年8月，王有安参加了湖北省首届技能状元数控车工项目学生组的比赛，以小组第一的身份进入决赛，在决赛中取得"湖北省青年岗位能手"荣誉称号。2008年，王有安以教师身份参加湖北省第三届"华中数控"杯教师组加工中心的比赛，取得第七名，这是他第一次转换工种参赛。此时，他从数控车工跨越到数控加工中心操作工。接着，他以选手身份参加的国家级、省级竞赛共7次，2次被评为"湖北省技术能手"称号。

感恩化作工作动力，回馈湖北工程职业学院、回馈社会。从开始留校作为一名外聘实训教师，王有安的月工资才500元，慢慢涨到800元、1 000元、1 800元，但是这个水平，跟去企业工作相比，差距还是很大。即使对技能怀有热爱之心，但总还要有"面包"解决生存需求。面对社会的高薪诱惑，他确实动摇过，也想过放弃。但想起母校的教导，湖北工程职业学院领导和老师的关心、指导，让王有安心怀感激，看到学生渴望技能的眼神，他也把这份信任化作工作的动力，回馈湖北工程职业学院、回馈社会。湖北工程职业学院的领导高度重视"人才难得，技能型人才更难得"的问题。2010年，湖北工程职业学院打破常规，帮助王有安等解决了同工不同酬的问题，后又引导他们参加事业单位编制考试。解决了后顾之忧，王有安等便可以安心教学。

随着对职业教育的持续深化改革，王有安深刻认识到职业教育与企业有着重要的关联性，只有了解企业需求，才能培养出企业所需要的人才。为响应湖北工程职业学院"双师型"教师的成长要求，担当"以职兴城"的使命，王有安在参与教学的同时，坚持下沉企业，深入了解企业的生产、技术、工艺、设备现状与发展趋势，帮助解决企业生产设计与制造、装配难题。

2020年疫情期间，黄石磊福机电设备有限公司接到了湖南一个企业的订单——要制造一批偏心轴。因为要多点定位，而每定位一次，就会增加零件的误差，偏心轴的工艺极为复杂。王有安设计工艺简图和工装，反复试验，最终完美解决了误差的问题，为公司带来了稳定的长期合作客户。

靠技能成才，靠技能报国。这些年，他参与设计的可移动的刷镀设备，可广泛用于各种大型轴类零件的磨损维护，缩短了维修工期，保障了企业如期生产。他设计的华新水泥煤料输送分料阀，经过加工安装试制生产，解决了原先堵堵现象，将维护时间从之前的半年延长至两年，为华新水泥等大企业节约了大量的维护成本，确保了企业的生产效益。

追随榜样的力量。当前，黄石制造处在关键时期，需要建设一支知识型、技能型、创新型劳动者大军，弘扬工匠精神和精益求精的劳动风气。尤其是对于职业教育领域的广大员工来说，更要志存高远、脚踏实地，勤于学习创新，争做本领高能力强的奋斗者，将理论知识与劳动实践紧密结合，在各自岗位上不断创造伟大的业绩。

从一名普通的中职生到一名实训教师，再到一名受国务院奖励的高技能人才，王有安靠技能成就自己。他的成长"秘诀"就是立足岗位，干一行，爱一行，学一行，精一行。"把一件事情做到极致""把感恩化作工作动力"……王有安身上所展示出来的人文精神，是社会主义核心价值观的集中体现，是当代中国力量的思想道德基础和精神风貌。

正如习近平总书记在致首届全国职业技能大赛贺信中所指出的那样，技术工人队伍是支撑中国制造、中国创造的重要力量。高技能人才绝非一日可就，需要社会各方面的共同努力，解决好他们的后顾之忧，为他们创造更好的发展环境，激发他们创新创业的活力。

（二）生活好

1. 校园环境的内涵

湖北工程职业学院校园环境是指湖北工程职业学院内部一切客观物质存在和以人际关系为中心并由此产生的文化意识现象的总称。它包括物质环境、文化环境和人际环境。这些因素分别从校园的硬件设施、制度环境、文化环境和人际交流环境等不同的层面影响着大学生在校学习和生活的方方面面。

（1）校园的硬件设施。主要指设施齐备的教学楼，干净整洁的学生食堂、宿舍等硬件设施，它们能够给大学生青春的活力与美的享受，能够使大学生身心愉快、精神振奋、充满自信地工作和学习，激发他们学习的激情和创造力，同时，也能增强大学生对大学的归属感和认同感。

（2）校园的制度环境。良好的校园制度环境是一所大学成功的必备条件和形成优良风气的必要因素。校训、校规，学生学籍管理规定以及各种教学设施使用管理办法等规章制度的认真执行，能够为大学生规范和谐的学习和生活提供保证，同时，也有利于大学教育资源的整合与利用。

（3）校园的文化环境。校园文化以其开放性、适应性的特点与社会紧密联系，社会上最新的思潮与时尚很快就会被校园文化所接受，最终使得校园文化日趋多元化。校园文化环境必须坚持以社会主义核心价值体系为主导，结合大学生思想和生活的实际，积极开展各种教育活动。如通过举办党团活动、专题报告会、主题班会、征文比赛、演讲比赛、辩论比赛和晚会等，开展思想文化创建活动，使大学生的精神在潜移默化中受到熏陶和感染，并通过校园网络、校园电视台、校报、院报、社团刊物、橱窗、板报等传媒手段，把主流思想文化、社会主义核心价值教育融入大学生思想意识中，确保大学生成长和成才的正确方向。

（4）校园的人际交流环境。大学校园不是一个封闭的环境，领导和教师之间、教师和学生之间、学生与学生之间无时无刻不在交流互动。各种教学实践、学生社团活动可以帮助学生有意识地甄别和摒弃人际交往中狭隘的功利主义、实用主义思想。

2. 齐抓共管，共建优质校园

湖北工程职业学院党委意识到大学是广大青年学子跨入社会前的重要一站，校园环境对大学生成才有着潜移默化的影响，会对学生的世界观、价值观的形成，意志、人格的塑造，校风、教风、学风的形成，以及能力、素质的培养起到积极影响和定型作用。学院充分利用"四联"活动，采取积极举措改善校园环境，为广大师生营造良好的学习和生活条件。2020年湖北工程职业学院党建和思政工作要点着重强调校园环境、"三全育人"和学生的全面发展，将学生生活好作为"四联"活动主抓之一。

（1）围绕创建和谐平安校园，推进和谐校园文化建设。

深化平安校园建设，深入推进"七防工程"。强化源头预防，定期对可能引发涉校稳定事件的风险进行排查研判，对重大涉稳风险及时落实管控，对涉及黑恶势力的案件线索及时报告属地扫黑办；发挥保险作用，根据需要购买校方无过失责任险和食品安全、校外实习、体育运动意外伤害等领域的责任保险；开展综合治理，开展湖北工程职业学院安全及校园周边环境综合整治"百日行动"，加大校园周边环境整治力度，防止疫情和其他安全问题叠加，加强校地共建力度，推进校地、校警、校群联动联防联治；明确"七化"目标，推动实现人防专业化、物防标准化、技防智能化、心防人性化、阵地防规范化、环境防人文化、机制防制度化；根据《湖北省普通高等湖北工程职业学院平安校园"七防工程"建设要求三十条》细化方案，加快推进。

（2）围绕思想政治教育和实践能力培养，提高大学生综合素质。

深化"三全育人"综合改革。对标"双高"计划开展"三全育人"改革，制定《湖北工程职业学院"三全育人"综合改革实施方案》，以全面提高人才培养能力为关键，以"五个思政"为抓手，以传承湖北工程职业学院思想政治工作优良传统为基础，结合湖北工程职业学院"双高"建设和大学治理体系现代化建设，实施思政任务提升工程，改革育人体制机制，创新育人工作体系，加强育人条件保障，加快构建全员全过程全方位一体化育人格局，明确由相关部门牵头负责相应领域、群体的综合改革工作，逐项分解教书育人各环节的工作目标、责任主体和具体措施，工作项目化、项目清单化，把思政育人职责落实到人。

（3）围绕促进学生全面发展，完善大学生成才的教育服务体系。

加强大学生心理健康教育。推进中高职心理健康教育全覆盖，定期开展心理普查、心理月等活动，面向全体中职生开设心理健康课程，普及心理健康常识；进一步提高网络心理咨询的规范化水平，切实保障咨询效果。做好后疫情时期心理危机跟踪常态化，做到早预防、早发现、早治疗；实现心理普查量表标准化，针对高职学生采用最新统一编制的《中国大学生心理健康筛查量表》，将量化测量和质性评估相结合，提高心理普查工作的有效性和标准化水平；实现心理健康教育活动在线化，根据防疫工作需要，主动寻求心理健康节和感恩月系列活动的"转型升级"，以在线活动为主，实现创新心理健康教育活动形式和保证心理健康教育效果双在线。

3. 精心谋划，建设美丽新校园

近年来，黄石工业逆市上扬，城市转型走在全国前列，进入了再造黄石工业、再构区域空间布局、再塑综合功能优势、再创生态生活品质的历史发展新阶段，产业转型对技术技能人才的需求前所未有。

为了解决湖北工程职业学院办学空间不足问题，进一步扩大办学规模，提升服务能力，2019年7月，市委、市政府决定，在黄金山规划建设湖北工程职业学院新校区，这是黄石教育城建设的支撑性项目，是黄石教育布局调整的标志性成果，是黄石职业教育的引领性工程，也是服务黄石产业转型升级的战略性举措，是一项教育工程、经济工程、民生工程。

(1) 突出发展职业教育。市委、市政府把职业教育作为工业转型战略工程，召开全市职业教育大会，出台产教融合"黄金十六条"，在全省地市州中率先落实高职生均拨款，在人、财、物上举全市之力发展职业教育。

(2) 谋划职业教育。着眼城市发展，优化黄石教育布局，在国家级开发区投资建设湖北工程职业学院新校区；同时，规划预留土地用于中职湖北工程职业学院建设。新校区已于2020年9月7日正式开工建设，2022年9月新校区如期建成、投入使用。

4. "四联"助推，建设满意校园

通过"四联"活动，党员干部聚焦为师生服务解难题，已实现"四联"工作干部、党员、教师全覆盖，党员干部下班级、下宿舍，一对一服务学生，进一步推动广大党员教师围绕湖北工程职业学院中心工作，将服务学生落到实处，得到了学生的好评。具体做法有以下几方面：

一是5名校领导每人联系一个二级学院，指导二级学院加强干部队伍建设和基层党组织建设，落实全面从严治党各项责任，保障湖北工程职业学院重点工作在二级学院的贯彻实施，促进人才培养质量的不断提高。校党委书记刘海平深入经贸与信息学院调研"四联"工作，并要求所有党员及中层干部在"四联"工作开展中动作要规范，即"四联"手册要保质保量，到班到寝要足次足时，工作痕迹要真实可查。领导班子扎根基层，深入二级学院开展调研27次、听课25余次、谈心谈话100余人次、到支部讲党课18次，真实了解二级学院师生的学习和生活状况，解决师生的实际困难20余项。校党委书记刘海平深入二级学院，针对教师队伍建设、专业建设和教学管理等情况进行调研，并启动二级学院改革试点工作。目前改革试点方案经党委会审定，已在建筑与环境艺术学院、交通工程学院试行。

二是58名中层干部联系58个班级。定期到所联系班级与学生沟通交流，参加"主题班会"和"主题团课"150余人次，了解学生的思想、学习、生活、心理健康以及班风学风等情况，及时掌握他们关心的校园安全、网络舆论、时事政治等热点、难点问题，引导学生树立正确的世界观、人生观和价值观。

三是144名党员走进144间学生宿舍。以创建文明宿舍为目标，开展宿舍安全稳定、环境卫生、民族团结和学风室风建设等工作，定期到所联系学生宿舍走访，开展谈心谈话千余人次，了解学生的生活学习状况，帮助学生解决实际困难。以教科研党总支二支部袁瑾老师为代表的党员教师，经常走进寝室与学生进行面对面访谈，拉近师生距离，了解学生生活及学习困难，并反馈相关职能部门，解决学生实际问题。

四是115名教师职工一对一联系"四困"学生和少数民族学生。与所联系学生开展谈心谈话近千人次，了解少数民族学生的思想状况和实际困难，做好联系学生的思想工作；积极参加所联系学生所在班级的活动，对"四困"学生的实际情况，有针对性地制订帮扶计划，落实帮扶工作，切实解决学生在经济困难、心理困难、学业困难、就业困难等方面的问题，被帮扶的百余名学生整体表现明显变好，部分学生迟到旷课、晚归等情况也明显好转，学习的积极性也有极大提升。

在"四联"活动的主推下，在院党委的领导及各部门的通力合作下，在教育部高校招生"阳光高考"平台对全国1 200所高职高专满意度调查中，湖北工程职业学院连续三年排名全省第一，2020年名列全国第十七名。

（三）就业好

湖北工程职业学院持续深化产教融合、校企合作，努力增强职业教育适应性，不断探索职业教育创新发展新模式新路径，为学生就业奠定良好基础。

1. 坚定不移，服务黄石

（1）坚持立德树人初心，担当以职兴城使命。在"不忘初心，牢记使命"的主题教育中，上下统一思想，提出职业教育的初心是落实党的教育方针，坚持立德树人，职业教育的使命是服务地方经济社会发展，坚持以职兴城，通过职业教育来服务推动黄石产业和企业发展。

扩大人才供给。坚持立足黄石、融入黄石、服务黄石，大力开展技能提升行动，留黄石就业率逐年增长。

支撑产业转型。在全国高职院校中，率先成立工业互联网产业技术研究院，启动黄石模具行业工业互联网应用平台建设，推动中小微企业"入网上云"。成立了黄石市发明协会、鄂东南保护性建筑数据中心以及港口物流、工业机器人、临空产业技术研究院等科技创新平台，有力地支撑了黄石产业企业数字化转型和智能化升级。

服务城市发展。高职成功申报学前教育和护理两个国控专业，围绕民生急需和市域治理现代化，大力开展服务基层治理的社区工作者培养工程、公共卫生管理人才培养工程、服务非遗文化传承的数据建设工程和服务"一带一路"的海外技工培育工程。

（2）增强职业教育适应性，建设产教融合校企合作新模式。贯彻新发展理念，坚持扎根黄石办职教，着力提升职业教育支撑力、贡献力和服务力，有力推动黄石产业转型和城市发展。

树立跨界意识，推进产教融合。坚持围绕产业链调整专业链、围绕专业链建设课程链、围绕课程链培育人才链，对接产业地图，优化专业布局，对机械、模具、电子信息等18个传统专业进行数字化、智能化升级改造，新建飞机机电设备维修、跨境电商、现代物流、仿古建筑等新工科专业8个，为黄石产业企业培养技术技能人才，构建产业、行业、企业、职业、就业"五业"联动发展新机制，推动职业教育全面融入黄石经济社会发展大局。

树立开门办学意识，推进校企合作。对接长三角，服务招商引资，与华为、特斯拉等世界500强企业和本地龙头企业合作，开设订单班、冠名班。坚持引企入校、引校入企，推动湖北工程职业学院"千名教师进千企"，引进陈友斌、周红祥、孙文明等15名行业领军人才进湖北工程职业学院，建设博士工作室和技能大师工作室，让湖北工程职业学院像工厂、课堂像车间、老师像师傅、学生像学徒，实现产教联动发展。2020年1月31日，其作为优秀案例在教育部中国职业技术教育2020年学术年会上作典型交流。

树立平台意识，建设产业学院。坚持跳出职教办职教，整合政府、高校、行业、企业各方资源，推动职业院校与黄石4个城区政府以及有色、华新、新冶钢、劲牌、东贝等52家本地大中型企业合作，共建了11个产业学院。通过"六个一"建设产业学院，即每个产业学院打造一至两个核心专业群，每个产业学院对接黄石一个产业，对接一批龙头企业，每个产业学院聘请一批行业内领军人物，创办大师工作室，培育一个教学团队，每个产业学院组建一个产教联盟或行业协会，每个产业学院成立一个产业技术研究机构，每个产业学院联合一批企业实施政校行企合作办学。这种模式实现了招工即招生、入校即入企，学生既可工作拿工资，又可学习拿文凭，得到了学生、企业和社会认可，被中央电视台新闻联播点赞报道。

在探索职业教育创新发展新模式新路径中规划产业布局，深化校企合作，以服务推动黄石产业和企业发展为目标，湖北工程职业学院高职毕业生就业率达97%，根据教育部第三方研究机构调查，学生毕业3年后的薪资水平每月达到6 700多元，高于全国高职院校平均水平1 000多元。

目前，学院坚持立足黄石、融入黄石、服务黄石的培养方针，在众多的优秀毕业生中，如何让他们"立黄、融黄、服黄"已成为湖北工程职业学院的重点任务。学院出台毕业生留黄石就业"四联"工作方案。

校领导联系二级学院。根据湖北工程职业学院统筹安排，校领导每人联系一个二级学院，指导所联系的二级学院加强毕业生就业跟踪服务相关工作，保障毕业生留黄石就业率达到40%。

中层干部、党员联系班级。中层干部每人联系一个班级，联系时间自联系之日起至省级就业核查结束为止。以提升留黄石就业率，促进充分就业为目标，协助辅导员、班主任开展思想政治工作和毕业生跟踪管理工作。定期了解学生的思想状况、生活状况、就业状况，及时掌握他们就业中遇到的难题，引导学生树立正确的就业观、择业观。

教师联系建档立卡贫困家庭、零就业家庭毕业生。每名教师至少要联系1名建档立卡贫困家庭、零就业家庭毕业生，联系时间自联系之日起至省级就业核查结束为止。主要工作内容：①认真了解建档立卡贫困家庭、零就业家庭毕业生的基本情况，针对毕业生的实际情况，有针对性地制订"一对一"帮扶计划，落实帮扶工作；②每周与联系学生至少开展1次谈心谈话，了解学生的思想状况和就业状况，并及时将学生的情况反馈给辅导员、班主任，协助辅导员、班主任做好联系学生的就业跟踪服务工作。党委班子成员联系二级学院详细安排如表7-2所示。

表 7-2 党委班子成员联系二级学院详细安排

二级学院	联系校领导	结对党总支	毕业人数	留黄石就业考核等级 优秀40%	良好36%	合格33%
交通工程学院	刘海平	行政党总支	412人	165人	149人	136人
建筑与环境艺术学院	郭少军	教科研党总支	313人	126人	113人	104人
经贸与信息学院	汪丽华	学工党总支	645人	258人	233人	213人
电气电子学院	何仁山	公共课部党总支	593人	238人	214人	196人
机电工程学院	何仁山	党群党总支	259人	104人	94人	86人
合计			2 222人	891人	803人	735人

2. 多措并举，完成留黄石就业工作

湖北工程职业学院抢抓机遇，主动作为，深化改革，驶入了全面发展的快车道。2020湖北工程职业学院招生形势喜人，生源爆满，最低录取分数线高出省控制线69分，1 000余名报考的学生在激烈的竞争中无缘湖北工程职业学院。湖北工程职业学院办学质量显著提升，顺利通过了内部质量保证体系诊断与改进工作省级评估，是全省通过复核的12所高职院校之一；技能大赛捷报频传，2019年400余名师生在全国和省市各级技能大赛中获奖；2020年共有277名学生通过专升本考试，被本科院校录取，"专升本"考取率高达70%。

湖北工程职业学院取得突破性的成果，离不开"四联"工作的开展，离不开各个二级学院领导、党员教师的共同努力，也离不开湖北工程职业学院完善的育人机制和育人环境。在推进留黄石就业的活动中，每个学院都有自己独特的思路与做法，使得留黄石就业任务顺利完成。

交通工程学院中层干部、党员教师能按照"四联"工作要求进入班级、宿舍以及与学生交心、谈心，充分发挥党员教师先锋模范带头作用，牺牲自己的业余时间与学生沟通交流，帮助学生解决生活上的困难等，学生在学习生活中有明显进步。"四联"工作的实施，使交通工程学院的整体学生管理水平有一定的提升，对于学生就业、学历提升再深造具有显著效果。留黄石就业159人，留黄石就业率38.5%；中职对口升学率91.7%；专升本学生55人报考，28人被录取，其中23人被公办本科录取，占被录取人数的82.14%。其中王敏副院长"四联"帮扶的2018级汽车检测1班，有12人考上专升本。该班的周运龙同学成功考上武汉纺织大学。同时，在"四联"工作辅导员张艺娇老师班级，12人报考专升本，9人被录取，录取率75%。

建筑与环境艺术学院党总支2020年度开展"四联"工作，全院干部职工能积极参与到这项工作中，通过进班级、进宿舍、联系学生，学院院风、班风、学风好转。通过与学生边说边聊，不仅拉近了教师与学生的距离，很多平时上课反映不出来的问题，也得到反映和解决。在这个过程中，学生体会到来自湖北工程职业学院、来自老师的关怀，对专业的学习和就业有了概念和认知，对专业人才培养方案和计划有了较为清楚的脉络。建筑与环境艺术学院的就业率在全校最高，留黄石就业率26.3%，中职技能班填报湖北工程职业学院志愿达到79%，专升本学生38人。

经贸与信息学院在"四联"实施的过程中，每位党员都能按照要求严格实施，每次在主题党日活动上，都会邀请每个月在"四联"工作中表现突出的党员进行经验介绍和分享，大家会就近期相关工作中的突出问题进行讨论分享；党员教师利用休息时间，主要就职业生涯规划等方面知识进行普及，尤其是对参加技能高考的考生进行了报考动员和沟通工作；有些教师还负责联系多个宿舍和不同层次的学生，他们对部分高职学生的专升本工作也进行了积极指导；党员同志深入宿舍，中层干部走进班级，定期或不定期向班主任了解班级情况，指导并支持班主任针对班级困难学生进行管理工作。2020届中职班共计244人，经过老师们共同努力升入本校的对口专业共计170人，中职升学率达到69.67%。2020届高职毕业生面临严峻的就业形势，经贸与信息学院党员同志再次深入毕业班级，采取线上问询、就业答疑等多举措鼓励学子先就业再择业。在所有党员同志和辅导员的努力下，截至2021年9月15日，已就业学生共计416人，入伍17人，待就业学生127人，133名学生在老师们的鼓励下报考专升本，其中，87人最终考上理想院校，通过率达到65.41%；学院2020届毕业生整体就业率达到80.37%。因经贸与信息学院本地生源较少，外地生源比较多，所以，学院留黄石就业的学生有141人，留黄石就业率达到21.79%。

电气电子学院在"四联"工作中，针对技能高考升学班级，考虑到班主任一个人给51个学生做留校思想工作太繁重，学院书记主动承担班级的"四联"工作，并将二支部的所有党员教师安排到高考班级进行"四联"工作，每位党员教师联系一个宿舍，认真了解学生的基本情况，每月与所联系学生开展1~2次谈心谈话，了解学生的思想状况和实际困难，并及时将学生的有关情况反馈给班主任，协助班主任做好学生思想工作；党员教师按照学院"四联"的工作要求，认认真真、踏踏实实地开展工作，在全院教师的努力下最终高考班的留校率达到97%，留黄石就业率达到35%，2020年中职整体升学率达98%。

3. 职业教育，黄石在行动

总结实施"四联"工作：一是坚持以学生为中心，必须加强党的领导，实现"为党育人、为国育才"的终极目标，这是教育的目的和归宿。二是要坚持搭建平台，聚焦为民办事解难题，畅通师生意见渠道。三是要推动党建工作与业务工作深度融合、相互促进，推动党建工作和业务工作深度融合抓在平常、融入日常，坚持同研究、同部署、同检查、同考核。

湖北工程职业学院在深化校企合作、提升职业教育影响力和美誉度等方面实现了明显提升。实践证明，只有持续不断地改革，坚持以学生为中心，以服务学生为己任，才能让学生实现"学习好，生活好，就业好"的"三好"目标。

第八章 技术创新服务：工业互联网教育创新发展实践

一、概述

工业互联网（Industrial Internet）是新一代信息通信技术与工业经济深度融合的新型基础设施、应用模式和工业生态，通过对人、机、物、系统等的全面连接，构建起覆盖全产业链、全价值链的全新制造和服务体系，为工业乃至产业数字化、网络化、智能化发展提供了实现途径，是第四次工业革命的重要基石。工业互联网不是互联网在工业上的简单应用，而是具有更为丰富的内涵和外延。它以网络为基础、平台为中枢、数据为要素、安全为保障，既是工业数字化、网络化、智能化转型的基础设施，也是互联网、大数据、人工智能与实体经济深度融合的应用模式，同时也是一种新业态、新产业，将重塑企业形态、供应链和产业链。当前，工业互联网融合应用向国民经济重点行业广泛拓展，形成平台化设计、智能化制造、网络化协同、个性化定制、服务化延伸、数字化管理六大新模式，赋能、赋智、赋值作用不断显现，有力地促进了实体经济提质、增效、降本、绿色、安全发展。

职业教育是社会经济发展的重要基础，是国家工业化的重要支柱。从这个意义上说，高等职业教育的发展水平反映了一个国家工业化水平，已成为衡量一国综合实力和人力资源的重要指标。"数字化革命时代"的到来为新型工业化注入了新的动力。随着"大数据时代"的到来，全球知识创造和技术创新的速度明显加快，为新科技革命和"新工业革命"蓄积了巨大的能量。创新驱动发展战略大大丰富了新型工业化道路的内涵，为中国职业教育的改革与发展提供了难得的机遇。构建国家创新体系，建设创新型国家，需要教育机构培养和造就更多富有创新精神的高层次技术技能人才。由此，实施创新驱动发展战略、走新型工业化发展道路需要建立工业互联网产教融合新模式，培养出产业所需的技术技能人才，职业教育的发展动力源于经济技术的发展①。

二、湖北工程职业学院的具体举措

习近平总书记在致 2020 中国 5G + 工业互联网大会的贺信中指出，"5G 与工业互联网的融合将加速数字中国、智慧社会建设，加速中国新型工业化进程，为中国经济发展注入新动能，为疫情阴霾笼罩下的世界经济创造新的发展机遇。"

湖北是国家老工业基地，工业转型动力巨大，市场前景广阔。省委、省政府把工业互联网作为建设工业强省的重大战略工程，提前布局，系统推进。目前，湖北工业互联网覆盖所有千亿级行业，是工业互联网产业示范基地，全国工业互联网标识解析体系五大国家顶级节点，在全国各省市基础设施建设指数、资源供给指数和融合发展指数等主要指标中排名靠前。黄石地处鄂东南，是中国近代工业的发源地，工业基础雄厚。特别是近些年来，黄石地区生产总值增速和规模以上工业增加值均名列全省前茅，工业互联网产业发展形势喜人，是中国工业互联网创新发展大会的永久会址。

紧随工业互联网时代发展，依托湖北工业转型发展契机，2019 年 11 月，湖北工程职业学院组建黄石市工业互联网产业技术研究院，聚焦黄石工业企业数字化转型升级，做实做强工业互联网产业技术研究院，助推黄石高质量发展。在 2021 第四届中国（黄石）工业互联网创新发展大会上，黄石市工业互联网产业技术研究院正式升级为湖北省工业互联网产业技术研究院。

工业互联，赋能百业。湖北省高度重视发展工业互联网，推动省域企业积极布局工业互联网建设，由湖北工程职业学院、湖北省工业互联网产

---

① 周光礼. 国家工业化与现代职业教育：高等教育与社会经济的耦合分析 [J]. 高等工程教育研究，2014，(03)：55–61.

业技术研究院牵头成立湖北省工业互联网产教融合创新发展联盟。

（一）依托工业转型发展，做强产业技术研究院

随着工业互联网快速发展和产业加速转型，黄石企业对人才的需求也正快速转变，形成橄榄型结构：管理和研发人才占15%，一线普工占40%，中间的技术技能人才占45%，并且中间的技术技能人才占比不断扩大，两头的管理研发人才，特别是一线普工不断萎缩、需求减少。

基于黄石的现状和互联网产业的不断发展，在黄石市委、市政府的正确领导下，在市经信局、市科技局、市教育局等部门的大力支持下，2019年11月，在第二届中国（黄石）工业互联网创新发展大会上，揭牌成立黄石市工业互联网产业技术研究院。鄂东职业教育集团站位全局，深化产教融合，坚持"立德树人"初心，担当"以职兴城"使命，聚焦黄石工业企业数字化转型升级，做实做强工业互联网产业技术研究院，助推黄石高质量发展。

研究院聚焦技术研究和应用推广，服务产业企业的应用发展，编制发布工业互联网发展蓝皮书和黄石工业互联网创新发展三年行动计划，举办工业互联网创新发展首届云上研讨会，与华为及国内48家高校联合发起全国5G+产教融合高端峰会，联合中国职教学会举办工业互联网产教融合创新发展论坛。

研究院成立以来，一是数字化、智能化改造传统工科专业，成立工业互联网学院。围绕产业链调整专业链、围绕专业链建设课程链、围绕课程链培育人才链，对接黄石产业地图，在全国高校中率先成立工业互联网学院，开设人工智能、物联网、大数据、工业机器人等专业，聘请专兼职教授，拥有科研实训室30个，在校生2 300余人，到2023年工业互联网专业群在校生将达到4 000人，为黄石数字化转型提供人才供给，进行人才储备。二是聚焦产业技术研究和应用推广，开展智库咨询和科技服务。联合中国信通院、工联院等工业互联网科研机构，实施产学研协同创新行动，加强科技转化与应用服务，为劲牌公司枫林酒厂清香型白酒生产数据进行大数据分析，有效提升成品酒优质率；成立鄂东南保护性建筑数据中心，利用3D测量技术，为黄石古村落、工业遗产和红色革命基地建立数字化档案；联合三丰智能、上达电子等企业，推进无人工厂、智能车间建

设；对接"百企技改工程"，与企业开展联合攻关，获得授权专利 302 件，申报国家和省部级课题 8 项；编制 2019、2020 年度黄石市工业互联网发展蓝皮书，举办黄石市工业互联网创新发展首届云上研讨会和工业互联网产教融合高峰论坛；为东贝集团等企业培训工业互联网技术骨干 1 000 人次，为黄石新港（物流）工业园区编制互联网创新发展三年行动方案。三是加快工业互联网应用平台的研发和建设。组织专家团队深入全市模具企业调研，着手建设全市模具行业工业互联网应用平台，为企业提供供应链管理、产品管理、订单管理、协同制造等综合服务。目前已完成 1 期底层平台和应用模块建设工作，并正式启动上线，已有 21 家模具企业入驻。

（二） 推进产学研一体化，建立工业互联网产教融合创新发展联盟

围绕服务产业转型内设六大研发机构。一是面向黄石制造业转型升级需求，建设工业大数据公共服务云平台，建立工业大数据联合创新中心。二是聚集人工智能领域的产业、企业与人才，服务人工智能技术在黄石制造业的广泛应用与产业化，建立智能制造中心。三是面向室内外 5G 场景应用开发、研究与实践，建立 5G 联合实验室。四是建设模具（模具钢）产业工业互联网平台，促进行业推广应用与产业发展，建立工业互联网平台建设中心。五是聚焦基于控制的生产线和应用，使生产制造和供应链自动化更灵活、更快、效率更高，建立机电一体化控制中心。六是建设区域职业技能等级培训考试中心，对企业管理人员、专业技术人员和技术工人提供技能提升培训，建立工业互联网人才培训中心。

赋能区域产业数字化、智能化转型升级。为推动落实党中央、国务院关于工业互联网人才培养的重要决策，构建工业互联网人才培养生态体系及人才需求侧与供给侧双向赋能机制，推动技术创新和产业相关环节协同发展，服务企业、产业转型升级，推动经济高质量发展，在湖北省中华职业教育社的指导下，湖北省教育厅、湖北省经济和信息化厅备案，湖北省工业互联网产业技术研究院拟联合工业互联网产业链上下游企业、科研单位、本科院校、职业院校、产教融合企业、教育机构、行业机构、协会团体共同发起成立"湖北工业互联网产教融合创新发展联盟"（以下简称"联盟"）。联盟将立足湖北、辐射全国，重点融汇政府、高校、行业、企

业多方资源，联合构建工业互联网产业创新生态。服务省域工业互联网发展和行业企业数字化、智能化升级改造能力，充分发挥平台自身凝聚力量、整合资源、塑造生态的优势，找准"政府所想、企业所需、联盟所能"的结合点，努力为政府决策提供支持，为企业数字化转型排忧解难，助力企业数字化转型。加速布局5G工业互联网，推动新一代信息技术与制造业的深度融合，推动工业数字化、网络化、智能化转型，全面支撑制造业强省、网络强省、数字湖北建设。

工业互联网对接校企合作，明确联盟主要职能有以下几点。

（1）对工业互联网推动企业、产业转型升级背景下不同行业、不同领域、不同区域的人才进行研究，定期发布人才相关报告或白皮书，反映工业互联网产业人才供需现状，分析存在问题，提出政策建议。

（2）依据岗位需求、能力需求、知识需求等，制定人才能力及其评价标准，开展人才能力评价工作。推进面向工业互联网方向的职业技能等级证书试点工作。

（3）共建工业互联网产教融合实训基地，创新运营模式，包括建设符合湖北区域产业特点的实训基地。

（4）开展面向各类人才的培训，包括面向企业管理人员、技术人员和产业工人的培训，及面向高校管理人员和教师的培训。

（5）开展联合人才培养，包括：教师到工业互联网平台企业及工业互联网落地实施的制造业企业实践工作，提高教师专业技能水平和实践教学能力；学生到企业顶岗实习；企业人员到学校深造、系统学习，实现学历的提升。

（6）开展工业互联网教学资源的编制和研制，包括教材、课程（含线上课程）、教学设备等。

（7）定期举办工业互联网产教融合论坛、研讨会。

（8）举办工业互联网相关大赛，通过举办竞赛，达到以赛代训的目的，进一步扩大人才培养的形式与人才培养的受益面。

（9）推动高校科技成果转化和产业化。协调学校、企业、社会机构等成员单位，增强成员单位间的科技项目合作交流，为企业应用高校创新科研成果提供有利条件。

（三） 集聚资源，成立了工业互联网应用创新实验室

黄石连续四年成功举办中国工业互联网创新发展大会，聚集工业互联网创新发展合力；建设工业互联网起步园区，高起点规划工业互联网产业园，打造工业互联网展示、研发、集聚中心。为了充分发挥工业互联网产业技术的作用，聚集高校、企业、科研机构、人才实训基地等各方力量，大力培育引进工业互联网技术人才、应用型人才以及领军人才，在工业互联网领域大力开展产教融合创新，湖北工程职业学院与中国工业互联网研究院联合成立了工业互联网应用创新实验室。实验室将对接产业、企业需求，开展工业互联网技术服务以及各类人才专项培训等，积极参与国家工业互联网发展成效评估，全力做好工业互联网发展的服务支撑。

实验室以融合创新为创立核心理念，因为融合创新是工业互联网的根本所在，工业互联要培养工业转型升级的人、创新设计的人，要把工业互联和工艺提升紧密结合起来，把工业互联和强化质量融合起来，把工业互联与衍生服务有机结合起来，这样才能发挥互联网优势，培养好工业互联网人才。推动工业互联网产教融合，需要加快人才培养系统化建设。当前国家工业互联网人才短缺，并且短期内很难转变，因此需要推动国家出台相关的政策，整体设计工业互联网产教融合路径，建立工业互联网人才培养的体系，多方位、多层次培养包括学历教育以及面向社会和企业培训的专业技能型人才。需要政府和相关部门、行业专家、有关院校、社会团体和企业的通力合作以及全面协同，发挥各方资源优势，共建工业互联网产教融合生态，共育工业互联网英才，促进工业互联网在更广范围、更深程度、更高水平上融合创新，推动工业互联网领域产教融合、校企合作，形成产教良性互动、校企优势互补的发展格局。

以工业互联网为代表的新型基础设施建设，成为国家制造、国家安全、国计民生和国家核心竞争力的重要支撑。产教融合已经成为国家战略，成为培养技术技能人才的不二之选。

三、成果成效

（一）推进企业数字化转型，做强"三个服务"

研究院成立以来，立足工业转型，服务工业转型，做强"三个服务"，推动区域工业企业数字化、智能化转型升级。

1. 开展智库服务

编制发布黄石市工业互联网发展蓝皮书、黄石新港物流园工业互联"三年行动计划"和5G+工业互联网发展建议方案，为黄石创建工业互联网创新发展先行区提供咨询服务。积极搭建平台，与华为、中国职业技术教育学会及国内48家高校联合发起全国5G+产教融合高端论坛，举办工业互联网创新发展首届云上研讨会，聚集院士、行业主管部门、学界知名专家和企业代表，推进产学研合作共赢，为黄石产业转型升级把脉问诊、出谋划策。组建专班团队，为黄石规模以上企业两化融合管理体系贯标提供咨询和认证服务。

2. 开展科技服务

聚焦技术研究和应用推广，针对企业转型升级过程中的痛点、难点和堵点问题，成立了工业互联网平台建设中心、工业大数据联合创新中心、智能化创新中心、5G应用创新中心、工业控制创新中心、工业互联网人才培训中心等6个创新中心，助力"万企百亿"技改工程；针对黄石模具行业小作坊式管理模式，建设了黄石市模具行业工业互联网应用平台，为58家企业提供供应链管理、产品管理、订单管理、协同制造等综合服务，构建起现代化协同发展的行业新生态；联合黄石电子信息行业协会，研发全自动FPC（柔性电路板）检测设备，一台设备每年节约成本200多万元；成立鄂东南保护性建筑数据中心，利用3D测量技术，为黄石古村落、工业遗产和红色革命基地建立数字化档案；与东贝集团、邦柯科技、大冶特钢、三环离合器、上达电子等企业深度合作，共建11个企业创新中心，开展机器换人、设备换芯、生产换线等32个智能化改造项目专项行动，有力地支撑了区域产业企业数字化转型和智能化升级，黄石高新技术企业总数实现3年倍增，高新技术产业增加值占GDP比重22.56%，位居全省第二，在国家产业转型升级示范区建设考核中获"三连优"。

3. 开展人才服务

坚持围绕产业链调整专业链、围绕专业链建设课程链、围绕课程链培育人才链。一是对接产业、优化专业，成立工业互联网学院，开设人工智能、物联网、大数据、工业机器人等10个新工科专业。2021年学校招生人数和录取分数翻了一番，其中工业互联网学院招生1 500人，为企业员工开展工业互联网专题培训5 000余人次，为黄石制造向黄石智造转型培育生力军。二是推进职教转型，建设双师队伍。推进教师教学方式由注重教向产教结合转变，学生学习方式由教学性实训向生产性实训转变，二级学院管理方式由教学主体向办学主体转变，大力开展"千名教师进千企"活动，大力提升教师教学、科研和社会服务"三个能力"。目前，研究院拥有院士专家委员4人，核心博士团队6个，专职研发团队59人。三是多元育人，提质培优。与中国信科大唐通信、树根互联、上海天津、卓尔信科、博诺机器人等工业互联网企业开展"双主体育人"，校企共建中国工业互联网研究院人才培训基地、华为5G+数字化人才培养基地，共编全国高职高专工业互联网专业教材，提升人才培养的精准度和适配性。

（二）服务工业转型升级，成立6个创新中心

坚持围绕中心，服务大局，依托黄石市工业互联网产业技术研究院，把工业互联网作为职业教育产教融合的主攻点，举全校之力，整合全校资源，成立了6个创新中心。每个创新中心依托一个核心专业群，组建一个核心团队，引进一批领军人才，服务一个产业一批企业，开展一批技术研究和应用推广项目。

1. 工业大数据创新中心

依托专业：大数据技术与应用、人工智能技术服务等专业。

团队负责人：刘庆生教授、鲁捷副教授。

领军人才：中国数据智能领军人物、上海市信息学会会长黄晖博士。

功能定位：面向黄石制造业转型升级需求，发力工业互联网，开展大

数据挖掘与分析，建设工业大数据公共服务云平台。

服务对象（项目）：劲牌公司酿酒生产线智能化改造项目（提升出酒率）；模具产业集群发展态势数据分析项目等。

2. 智能制造研究中心

依托专业：电气自动化技术、机电一体化技术、机械设计与制造、工业机器人等。

团队负责人：王青云教授。

领军人才：湖北三环锻压设备有限公司总工程师、教授级高工周红祥。

功能定位：聚集人工智能领域的产业、企业与人才，服务人工智能技术在黄石制造业的广泛应用与产业化。

服务对象（项目）：华新水泥智能制造集成平台创新项目；三丰智能黑灯工厂设计项目；邦柯科技智能车间设计项目等。

3. 5G联合实验室

依托专业：移动通信技术、移动应用开发、人工智能技术服务、物联网等专业。

团队负责人：鲁学副教授。

领军人才：清华大学博士、留美归国人员陈友斌博士和卓尔智造集团副总裁周显敬博士。

功能定位：开展人工智能图像识别，室内外5G场景应用开发、研究与实践。

服务对象（项目）：天玑智能基于5G网络的设备远程诊断、黄石新港工业互联网创新发展规划编制、大江环保数据采集及远程监控分析项目等。

4. 工业互联网平台建设中心

团队负责人：陈年华副教授。

组成人员：物联网、物流等专业骨干教师。

共建单位：中国工业互联网研究院、中国联通、上海天律信息技术有限公司等。

功能定位：建设模具（模具钢）产业工业互联网平台，促进行业推广应用与产业发展。

服务对象（项目）：黄石模具行业工业互联网平台建设项目。

5. 工业控制创新中心

团队负责人：李新生教授。

领军人才：三丰智能董事长朱汉平和天津职业技术师范大学博士生导师邓三鹏博士。

组成人员：电气自动化技术、机电一体化技术专业教师。

功能定位：聚焦基于控制的生产线和应用，使生产制造和供应链自动化更灵活、更快，效率更高。

服务对象（项目）：黄石市工业企业智能化诊断服务、东贝集团生产车间智能化改造项目、西普电子工业互联网改造项目等。

6. 工业互联网人才培训中心

团队负责人：奚亚洲副教授、陈年华副教授。

共建单位：华为、中国工业互联网研究院、新华三等。

功能定位：建设区域职业技能等级培训考试中心，对企业管理人员、专业技术人员和技术工人提供技能提升培训。

服务对象（项目）：黄石市工业企业的工业互联网人才培训及职业技能鉴定。

（三）助力工业倍增，形成了"12345"建设成果

依托湖北省工业互联网产业技术研究院建设的模具行业工业互联网平台，经省经信厅批准，正式升级为省级平台，实现提档升级，融入光谷科创大走廊建设，助力黄石建成武汉城市圈同城化发展示范区，赋能黄石数字化、智能化转型升级。2021年，湖北省工业互联网产业技术研究院立足黄石辐射湖北，以工业互联助力数字湖北建设、赋能黄石高质量发展，交出了一份亮眼的答卷。2021年作为"十四五"建设的开局之年，湖北省工业互联网产业技术研究院形成了"12345"建设成果。

1. 1个产业学院，开辟校企合作新路径

研究院与黄石西普电子科技有限公司正式签约，共建西普精密电路学院，双方组建订单班，共同开发课程，开展联合招生，定制培育企业需要

的精准技能人才。

2. 2个高端会议，探索产教融合新生态

承办工业互联网产教融合创新发展（黄石）高峰论坛。中国职业教育协会会长、教育部原副部长鲁昕等行业主管部门领导，专业学会、科研机构专家，院校和行业企业代表等，深入探讨了工业互联网与职业教育创新发展、教学改革和产教融合发展等议题。

承办2021中国5G+互联网大会"工业互联网产教融合创新发展专题会议"。教育部、省、市相关领导出席会议，对工业互联网与产教融合创新发展提出了新的期待。知名院士、行业智库研究机构代表、工业互联网院校代表、工业互联网领军企业代表等，针对产教融合助力工业互联网应用创新和产业集群发展，激发产业链、创新链、价值链发展新动能等主题进行研讨。

3. 3项建设成果，构建"工赋"发展新格局

（1）发布《黄石市工业互联网产业发展蓝皮书2020》，梳理黄石市工业互联网的体系、应用和实践，对黄石市智能制造能力水平提出建设路径和建议。

（2）参加教育部工业互联网技术（高职）专业和职教本科专业建设标准、教学标准制定工作。发布《物联网技术》《工业大数据技术》等5本工业互联网相关系列教材。

（3）与中国工业互联网研究院联合成立了工业互联网应用创新实验室，开展工业互联网技术服务以及各类人才专项培训。

4. 4个提档升级，建设数字经济新平台

（1）湖北工程职业学院被列入省级"双高计划"建设，其中，工业互联网专业群被立项为省级高水平专业群。

（2）研究院升级为省级工业互联网产业技术研究院，成为2021年光谷科创大走廊新型研发机构备案单位之一。紧密对接"百企技改工程"，围绕关键技术、核心工艺和共性问题，与企业开展联合攻关、协同创新。组建诊断服务实施团队，为黄石14家本土企业调研信息化建设水平。

（3）牵头成立湖北工业互联网产教融合创新发展联盟，首批有50多家高校、科研院所以及工业互联网相关企业加入联盟组织。为黄石新港物

流（工业园）区编制《工业互联网创新发展三年行动计划方案（2021—2023年）》，为园区的快速发展提供技术支持。

（4）研究院模具工业互联网平台升级为省级平台，将在服务湖北省构建"51020"现代产业集群、助力企业数字化转型中积极赋能。平台已入驻58家企业、89款工业App。与东贝集团、邦柯科技、大冶特钢、三环离合器、上达电子等企业合作，开展机器换人、设备换芯、生产换线专项行动，共同推进无人工厂、智能车间建设。

5. 5个重要奖项，创造教学质量新辉煌

师生参加2021年国家、省、市级各类比赛，其中：

1人荣获"湖北省技术能手"称号；

1位教师获德国iF设计奖；

1人荣获第二届全国机械工业设计创新大赛三等奖；

1位教师在高教国培首届高校教师短视频大赛中荣获创新奖；

1人荣获"黄石市优秀青年教师"称号。

2021年工业互联网产业技术研究院显著成果如表8-1所示。

四、展望

黄石工业互联网产业快速发展，产业加快转型对人才的需求也在快速转变。人才培养是职业院校育人工作的核心环节，而"工业互联网产教融合"融入职业教育人才培养核心过程中，应坚持育人为本，促进行业、企业参与职业教育人才培养全过程，并通过培养方案动态调整、"资源池"共建共享、个性化与网络化教学和数字管理与评价的综合应用，以期促进专业设置与产业需求对接，课程内容与职业标准对接，教学过程与生产过程对接，构建优质资源和智慧环境[1]。建设武汉城市圈同城化发展示范区，需要高质量的技能人才作为支撑，为此湖北工程职业学院也将继续不断做出努力，并提出未来发展计划。

---

[1] 闫广芬,张栋科."互联网+职业教育"体系架构与创新应用[J].中国电化教育，2016（08）：7-13.

表8-1　2021年工业互联网产业技术研究院显著成果

项目	2021年工业互联网产业技术研究院成果
智库建设	1. 发布2019年度黄石市工业互联网发展蓝皮书 2. 发布2020年度黄石市工业互联网发展蓝皮书 3. 编制黄石市加快5G+工业互联网发展建议稿 4. 参与编制黄石市工业互联网创新发展三年行动计划 5. 承担2020年度黄石市智库课题：新基建背景下黄石市加快5G商用推广的机遇挑战及对策研究 6. 举办黄石市工业互联网创新发展首届云上研讨会 7. 举办工业互联网产教融合（黄石）高峰论坛
科技服务	1. 研发黄石市模具行业工业互联网应用平台 2. 大数据分析优化劲牌公司生产线，出酒率由66%提高至88% 3. 自主研发"健康"打卡云平台和智能疫情防控软硬件平台及测温设备，成功入选科技部科技助力经济2020重点项目 4. 三丰智能新型重载智能柔性输送系统开发及产业化项目（省政府科技进步二等奖） 5. 三环锻压800吨混合动力数控折弯机绿色制造关键技术及产业化项目（省政府科技进步三等奖） 6. 三环离合器弧形弹簧减振飞轮总成关键技术的创新与应用研究项目（中国机械工程学会绿色科技进步二等奖） 7. 与中国电信共建湖北省职业院校唯一的省级5G联合创新实验室 8. 联合华强数控申报湖北省重点实验室专项招标课题已获批立项 9. 为大江环保股份公司提供数据采集、远程监控分析解决方案 10. 为三丰智能、邦柯科技提供无人工厂、智能车间建设设计方案 11. 共建企业创新中心11个、授权专利29个、出版《工业机器人智能运动控制技术》等专著2部

续表

项目	2021年工业互联网产业技术研究院成果
人才培育	1. 全国率先成立工业互联网学院，现有相关专业在校生1 600余名 2. 牵头编写全国工业互联网专业系列教材并将出版发行 3. 与西塞山区政府和大冶特钢联合成立智能制造产业学院 4. 与开发区·铁山区政府和上达电子联合成立电子信息产业学院 5. 与珠海世纪鼎利股份公司联合成立5G通信产业学院 6. 联合黄石市企业家培养学院共同举办2020年黄石市企业领军人才工业互联网专题培训班 7. 为东贝集团高管100余人举办专题培训 8. 联合中国移动举办首届5G通信工业互联网现代学徒创新班 9. 成为中国工业互联网研究院工业互联网人才培养培训基地 10. 成为华为5G+数字化人才产教融合基地 11. 成为工信部信息中心人工智能人才培养基地、测试中心 12. 成为中国工业互联网联盟湖北分盟人才工作组组长单位 13. 获得全国职业技能大赛二等奖2项，湖北省职业技能大赛二等奖1项、三等奖7项；获行业技能大赛特等奖2项、一等奖3项、二等奖2项
产业聚集	围绕黄石市推进创新活力之城建设，打造先进制造之城的总体部署，依托黄石工业互联网产业技术研究院、机器人及智能装备产业研究院，建设湖北工程职业学院大学科技园（黄石市新经济产业示范园），多方共同参与建设特色型工业互联网平台和三跨型工业互联网平台科技园。 科技园具有创新企业孵化、科技成果转化、人才培养集聚、创新资源聚集四大功能，聚合研发—测试—转化—投资—孵化—加速六大业态，建设黄石"科创中国"科技经济融通平台，使科技园成为具有示范和带动作用的区域性工业互联网创新中心和黄石创新型城市的重要窗口

（一）启动"123456"工程

在2021—2023年工业互联网学院建设1个省级"双高"专业群、建成2个省级博士后创新基地、3个省级创新团队、4个省级平台（省级研究院、省级模具平台、省级众创空间、省级模具平台产学研协调创新中心）、5个产业学院、6个工程中心。

（二）打造黄石模具行业工业互联网应用平台

建设黄石模具行业工业互联网应用平台，联合政校行企合力开发，完善功能，引导企业应用，打造黄石模具行业工业互联网平台的示范性。

（三）科学编制黄石新港（物流）工业园区工业互联网创新发展三年行动方案

对标对表市级工业互联网创新发展行动计划，对黄石新港（物流）工业园区重点骨干企业进行深入调研诊断，制定黄石新港（物流）工业园区互联网创新发展三年行动方案（2021—2023年），编制年度工作计划，细化展开年度主要工作任务、工作内容。

（四）全面加强与中国工联院和中国职教学会合作

聘请中国工联院标准所所长担任研究院院长，共建工业数据采集、预测性维护人才培养培训基地；落实教育部原副部长鲁昕讲话精神，推进与中国职教学会在标准制定、技术合作、资源导入等方面开展合作。

（五）积极开展全市工业互联网人才培养培训工作

依托研究院是工信部信息中心人工智能人才测试中心，利用华为、中国职教学会5G数字化产教融合基地等资源，对接黄石市产业、企业需求，开展不少于5期工业互联网各类人才专项培训。

（六）高质量完成智能化诊断业务

按照全市工业企业开展诊断服务加快智能化改造工作方案要求，认真组织开展"一对一"咨询诊断服务，编制企业智能化改造诊断报告，提出高质量解决方案。

　　"工业互联网产教融合"融合的不仅是互联网与职业教育，更是整个社会。"十四五"时期是湖北走在前列、建成支点、谱写新篇的关键时期，黄石作为湖北省重要工业城市，要建设长江中游城市群区域性中心城市和武汉城市圈同城化发展示范区，职业教育是重要支撑。鄂东职业教育集团将以习近平新时代中国特色社会主义思想为引领，贯彻落实全国职业教育大会精神，坚持立德树人、以职兴城，创新产教融合、校企合作模式，统筹产、城、教、科融合发展，政校行企多元联动，实现教育链、人才链与产业链、创新链有效衔接，把工业互联网建设成"双高"专业群，把湖北工程职业学院建设成全国"双高"校，把集团建设成国家示范性职业教育集团，把黄石建设成国家产教融合试点城市、全国职业教育促进经济社会发展试验区和武汉城市圈职业教育同城化发展示范区。

参 考 文 献

[1] 李淑，蔡新职．突出地域性特征推进湖北高职院校特色发展［J］，黄冈职业技术学院学报，2020（12）：13－17．

[2] 亚罗斯拉夫·帕利坎．大学理念的重申：与纽曼的对话［M］．杨德友，译．北京：北京大学出版社，2014．

[3] 邵长兰．生态文明视域下高等职业教育培养目标的价值取向反思［J］，中国职业技术教育，2014（9）：32－35．

[4] 初冬青，孟扬，张明月．高校立德树人根本任务的实现路径及工作机制［J］．中国成人教育，2018（6）：72－75．

[5] 李强．探索和完善办学理念是认识与实践的统一［J］．中国职业技术教育，2015（21）：91－96．

[6] 周建松．树立科学先进的高职教育理念［J］．天津职业大学学报，2017（4）：3－7．

[7] 孟景舟．中国职业教育独特的价值与使命［J］．职教论坛，2021（6）：23－28．

[8] 闫志刚．"2014职业教育与城市发展高层对话会"在合肥成功举办［J］．教育和职业，2015（1）：22．

[9] 赵哲，邓丰．高职院校产业学院研究的逻辑解构与突破向度［J］．现代教育管理，2020（07）：101－107．

[10] 张兵，邹一琴，蒋惠凤．共生视角下的地方本科院校产业学院建设［J］．高等工程教育研究，2021（04）：125－132．

[11] 徐秋儿．现代产业学院：高职院校实施工学结合的有效探索［J］．中国高教研究，2007（10）：72－73．

[12] 朱为鸿，彭云飞．新工科背景下地方本科院校现代产业学院建设研

究 [J]. 高校教育管理, 2018, 12 (02): 30-37.
[13] 吴爱华, 杨秋波, 郝杰. 以"新工科"建设引领高等教育创新变革 [J]. 高等工程教育研究, 2019 (01): 1-7, 61.
[14] 秦侠, 杨金侠, 杨善发, 等. 构建以学生为中心教学模式支持系统的思考 [J]. 中国高等医学教育, 2006 (12): 42-43.
[15] 刘献君. 论以学生为中心 [J]. 高等教育研究, 2012 (8): 1-6.
[16] 周光礼. 国家工业化与现代职业教育: 高等教育与社会经济的耦合分析 [J]. 高等工程教育研究, 2014 (03): 55-61.
[17] 闫广芬, 张栋科. "互联网+职业教育"体系架构与创新应用 [J]. 中国电化教育, 2016 (08): 7-13.